LESESTOFF NACH WAHL

BIOLOGIE

LESESTOFF NACH WAHL

BIOLOGIE

URSULA THOMAS

with the cooperation of Freeman Twaddell

THE UNIVERSITY OF WISCONSIN PRESS

Published 1977
The University of Wisconsin Press
Box 1379, Madison, Wisconsin 53701

The University of Wisconsin Press, Ltd.
70 Great Russell Street, London

First printing

Printed in the United States of America

LC 76-11322
ISBN 0-299-07164-2

"Die Bedeutung der Zellenlehre" is from Biologie, Lehrbuch für Klasse 7,
Volk und Wissen Volkseigener Verlag, Berlin, 1968; "Die Familie Kieferngewächse" is from Biologie, Lehrbuch für Klasse 6, Volk und Wissen Volkseigener Verlag, Berlin, 1968; "Organismen und ihre Umwelt," "Beziehungen
zwischen den Pflanzen einer Lebensgemeinschaft," "Beziehungen zwischen
den Pflanzen und Tieren innerhalb von Biozönosen," and "Biozönotisches
Gleichgewicht" are from Biologie 8, Volk und Wissen Volkseigener Verlag,
Berlin, 1968; "Gesetzmäßigkeiten der Vererbung, die Mendelschen Gesetze"
is from Biologie 10, Volk und Wissen Volkseigener Verlag, Berlin, 1968;
"Für viele ist Milch ungesund" is from Die Zeit, December 5, 1972.

Contents

These readings represent the second phase of an intermediate German course. The first phase, the "Einführung," was mainly devoted to giving you a review of the basic elements of German grammar, based on fairly simple reading passages. Scattered through that volume are Comments on Grammar, and at the end, the Grammar Reference Notes. In this second phase of learning you will still need to refer to the Grammar Reference Notes often, and occasionally you will want to review one of the Comments on Grammar. Thus you should keep the "Einführung" handy when you are studying.

It is possible that in the class in which you are enrolled you have been given a choice as to which book of the second phase you want to use as a basis for class work. You may, then, have chosen the one called "Physik und Chemie," or "Mensch und Gesellschaft," or "Biologie," or "Literatur." A division of the class into several groups working on different reading selections puts more responsibility on you for your own work, but at the same time it provides some practical advantages.

To develop well-rounded language skills, you need to learn how to understand what you hear or read, and how to communicate what you know. For communication, both understanding what you hear and expressing what you know, you need a social setting, which the class provides. Reading, on the other hand, is an individual's skill, which can only be learned privately. Since learning to read involves your study habits, over which you have control, it should be dealt with first.

The format of this book encourages you to make only minimal use of a German-English dictionary. All readings are provided with abundant notes giving appropriate English translations of words or phrases, German synonyms, grammar references, or other kinds of information which will aid in the understanding of the text. In addition, the first few passages are introduced with a page of two-column, phrase-by-phrase rendering which helps you to familiarize yourself with the subject matter before going on to the traditional format.

Study strategies in learning to read

1) Begin each study session by practicing real reading, that is, cover the footnotes and simply read the sentences, trying to get the meaning out of them.
2) Study the passage with the aid of the notes, use of cognates, intelligent guessing, and, as a last resort, your dictionary.
3) End the study session by rereading the entire passage, again covering the footnotes.

Step Two is the most tedious, painful part of the process, but as you practice all three steps, you will find this part shrinking to the point where it will take little more time than the first or the third, and, ultimate triumph, Step One will suffice. This final stage may take two or three years to achieve, but for the educated intellectual it is a necessary tool.

Step One is frustrating at first, because real reading, you feel, means getting almost the entire message during the first sweep through, as you do in English. However, if you do not continue to practice Step One, you will find yourself locked into Step Two, the slow, irksome, word-by-word look-up-in-the-dictionary process of deciphering — and then wondering whether you have, after all, interpreted the message correctly.

Step One has its immediate benefits as well as being an ultimate goal. A quick survey of the material gives you the broad outlines that are impossible to see in a word-by-word attack. The brain demands more rapid stimuli than the eye can provide when it moves back and forth between text and notes or dictionary. Moreover, the latter part of the passage often throws light on earlier parts, and you find on a second reading that much has become clear.

For the present, Step Two will be most time-consuming, and there are a few special hints that may help.

1. <u>Never</u> write an interlinear or a marginal translation. Writing between the lines is the best way to ruin a passage as a tool for learning to read German, for you must make several passes through the material in order to understand it <u>in German</u>. Once you write in an English word, you will never again see the German.

2. In the beginning you will have to translate many words in order to understand what you are reading. Translating is made diffi-cult by the fact that a word's context affects its translation, sometimes in surprising ways. Thus "lesen" does not always mean "to read" but sometimes "to gather," and "Wein lesen" means "to harvest grapes (for wine)." Consequently it is a mistake to keep long lists of words looked up for a particular passage, because in that passage some may have unusual meanings. Furthermore, if an unfamiliar word occurs in a given selection, there is about a fifty-fifty chance that you will not see it again this semester. You should memorize the vocabulary in the Words and Word Families at the end of each unit, along with a few others that seem par-ticularly useful or appealing to you, but you should <u>not</u> try to memorize all new words as you meet them.

3. You can also increase your German vocabulary resources by intel-ligent guessing. The guide to intelligent guessing is the total context. First you must determine what grammatical function an unfamiliar word fulfills. Learn to read the signals for nouns, verbs, adjectives, etc. Once you have pinned down the word gram-matically, think about the total setting. Try to determine what would logically fit. Do not fall into the trap of trying to squeeze a live elephant into a desk drawer. Finally, read the previous sentence and the one you are working with, preferably aloud. You may have to try several times before you come up with an appropriate meaning, but in the long run it pays off to use your brain instead of the dictionary.

4. Another technique in learning to understand German is to look for cognates, that is, pairs of words that are closely related because of their historical background. However, here you have to be careful, because the words that look the same may no longer have the same meaning in both languages. Haus/house, Wasser/water have retained their original meanings. Now look at German "also" and English "also." Identical twins you would say, but the German word has to be translated into English by "therefore, thus, accordingly," while the English word has the

German meaning "auch." It is also possible that words that were
never related in meaning are today accidental look-alikes, as
is the case with German "Ei" and English "eye;" however, Ei - egg,
eye - Auge. Particularly nasty are several words that have been
taken over from Latin or Greek by both English and German, with
somewhat different interpretations. For example, German "konse-
quent" usually can be translated into English as "consistent,"
and German "eventuell" does not mean "eventually," but most often
"perhaps." Cognates will help you as long as you do not jump to
conclusions too eagerly.

Grammar

Command of the needed vocabulary is <u>one</u> essential resource
that a reader of a foreign language must have. But vocabulary
is by no means the whole story; if it were, a computer with
a built-in German-English dictionary would be able to turn out
satisfactory translations of any German, from a report on a
smallpox epidemic to a poem about a jilted lover.

The other, equally essential, resource is a command of the
ways the two languages signal the meanings of words and phrases
and combine them in sentences — what is somewhat solemnly
called "grammar." A control of grammar enables a reader to
recognize which of several nouns is the subject of a sentence
(Did Arbuthnot break Theodoric's jaw or vice versa?); how and
when the action took place (Did he break the jaw, or will he
break it, or would he have done so if he could have?); and
other important modifications (Was it a firm, solid jaw, or
was the blow a solid, powerful blow?).

These are the simplest kinds of problems involved in understanding a sentence through a recognition of its structure.
The footnotes call your attention to many other types of grammatical problems as they appear in your reading.

The grammatical comments and exercises, and the entire section of Grammar Reference Notes, are focused on your practical
needs. They are not designed to be studied for their own sake;
we assume that very few of you have ambitions to become pro-
fessional grammarians.

On the other hand, the importance of a command of grammar
must not be underestimated. It is just as much an essential
tool in the comprehension of German as a knowledge of vocabulary is. German is <u>not</u> a peculiar form of English, perversely
using un-English words; it is a language with its own ways of
making sense by combining words into sentences.

This entire intermediate program is designed to take you
from a beginning stage of acquaintance with the bare essentials
of German grammar to a level of experience where you will en-
counter few surprises or incomprehensible sentence structures.

Oral and written practice

The amount and kind of oral and written practice you get in
this course depends on how the class is conducted and how you
participate. The structure of the materials, however, encourages the use of several patterns of classroom activity as you
work through a unit. You will sometimes be working on a common task with the entire class. Often you will have a chance
to work with the group of students who chose the same Collection of readings that you chose. At that time you can iron

out problems of understanding, practice asking and answering questions in German, and prepare in general for the culminating activity of the unit: explaining the contents of your reading selection to a member of another group, someone who is not familiar with your subject matter, and doing your best to comprehend what he or she has to tell you.

Attempting to use German to explain a concept or narrate a story is frustrating at first, but you will find that as you relax with your fellow-students, using gestures, drawings, charts, and diagrams as well as the German language, you will gain a real sense of accomplishment.

Remember, in the years of practice you have had with your native language, you have not learned it perfectly. Native Germans make mistakes too. Language learning is a gradual process, and it takes constant practice. Some of the mistakes you make will be corrected by your fellow students, some by your teacher. Only through this refining process will you gradually eliminate most of your errors and gain confidence in your ability to make yourself understood. The confidence that you can understand what you hear or read and can express to others what you have understood is the joy of learning a language.

LESESTOFF NACH WAHL

BIOLOGIE

DIE BEDEUTUNG
DER ZELLENLEHRE

Seit der Entdeckung der Zelle
zu Beginn des 17. Jahrhunderts

haben viele bedeutende Biologen immer
genauer die Zelle und ihre Bestandteile erforscht.

Schwann und Schleiden

erkannten die Zelle als kleinsten
Baustein aller Lebewesen

und begründeten damit die Zellenlehre.
Die wissenschaftliche Leistung der
Forscher des 17. und 18. Jahrhunderts
kann man nur dann richtig würdigen,
wenn man bedenkt,
mit welch einfachen optischen Geräten
diese Ergebnisse erzielt wurden.

Daß wir heute recht genau über den
Bau und die Funktion der Zelle
Bescheid wissen,

ist nicht nur ein Verdienst vieler
biologischer Wissenschaftler.
Wesentlichen Anteil haben daran auch
die Physik, die Mathematik und
die Technik,
die die Anregungen der Biologen aufgriffen
und ihnen immer bessere Mikroskope
und andere optische Hilfsmittel
zur Verfügung stellten.
Heute ist es mit Hilfe des Elektronenmikroskops möglich,
auch die feinsten Bestandteile der
Zelle sichtbar zu machen.
Die in dieser Forschungsarbeit gewonnenen Erkenntnisse über die
Zelle
sind zur Grundlage der Arbeit auf
vielen Gebieten geworden.
Die Zellforschung hat große praktische
Bedeutung für
die Medizin,
die Landwirtschaft,
die Tier- und Pflanzenzüchtung
und andere Zweige der Biologie.
Ein wichtiges Arbeitsgebiet
für Mediziner und Biologen
ist gegenwärtig die Erforschung des
Krebses.

THE SIGNIFICANCE
OF CELL THEORY

*Since the discovery of the cell
at the beginning of the 17th century,
many eminent biologists have investigated the cell and its components with more and more
precision.
Schwann and Schleiden
recognized that the cell is the
smallest element in all living
beings
and thereby established cell theory.
The scientific achievement of the
investigators of the 17th and
18th centuries
can be really appreciated only
when one considers
with what simple optical instruments
these results were achieved.
The fact that we have at present
quite exact information about
the structure and function of
the cell
is not only a service of many biologists.
Physics, mathematics, and technology
also have an essential role
in this;
these acted upon the suggestions of
the biologists
and put at their disposal ever better
microscopes and other optical
devices.
Today it is possible with the aid
of the electron microscope
to make even the smallest components
of the cell visible.*

*The knowledge about the cell gained
in this investigative work*

*has become the basis of work in many
areas.
Cell research has great practical
significance for
medicine,
agriculture,
animal and plant breeding,
and other branches of biology.
An important area of research
for physicians and biologists
is at present the investigation
of cancer.*

Seit der Entdeckung der Zelle zu Beginn des 17. Jahrhunderts haben viele bedeutende Biologen immer genauer die Zelle und ihre Bestandteile erforscht.

Schwann und Schleiden erkannten die Zelle als kleinsten
5 Baustein aller Lebewesen und begründeten damit die Zellenlehre. Die wissenschaftliche Leistung der Forscher des 17. und 18. Jahrhunderts kann man nur dann richtig würdigen, wenn man bedenkt, mit welch einfachen optischen Geräten diese Ergebnisse erzielt wurden.

10 Daß wir heute recht genau über den Bau und die Funktion der Zelle Bescheid wissen, ist nicht nur ein Verdienst vieler biologischer Wissenschaftler. Wesentlichen Anteil haben daran auch die Physik, die Mathematik und die Technik, die die Anregungen der Biologen aufgriffen und ihnen immer bes-
15 sere Mikroskope und andere optische Hilfsmittel zur Verfügung stellten. Heute ist es mit Hilfe des Elektronenmikroskops möglich, auch die feinsten Bestandteile der Zelle sichtbar zu machen. Die in dieser Forschungsarbeit gewonnenen Erkenntnisse über die Zelle sind zur Grundlage der Arbeit
20 auf vielen Gebieten geworden. Die Zellforschung hat große praktische Bedeutung für die Medizin, die Landwirtschaft, die Tier- und Pflanzenzüchtung und andere Zweige der Biologie.

Ein wichtiges Arbeitsgebiet für Mediziner und Biologen ist gegenwärtig die Erforschung des Krebses. Krebs wird durch
25 kranke, entartete Zellen hervorgerufen, die sich durch rasch aufeinanderfolgende Zellteilung schneller vermehren als gesunde Zellen. Sie verdrängen die normalen Körperzellen, dringen in sie ein und zerstören sie. Wenn die Krebszellen nicht aus dem Körper entfernt werden, führt die Krankheit zum
30 Tode. Viele Wissenschaftler sind gegenwärtig damit beschäftigt, zu erforschen, wodurch diese krankhaften Veränderungen der Zellen verursacht werden. Erst wenn man die Ursache gefunden hat, wird es möglich sein, diese furchtbare Krankheit zu bekämpfen. Dazu ist es jedoch erforderlich, immer genauer
35 die Lebensvorgänge in gesunden Zellen zu erkennen.

4 Schwann, Theodor (1810-1882), Naturforscher; entdeckte das Pepsin und wies nach, daß Tiere wie Pflanzen aus Zellen bestehen.

4 Schleiden, Matthias (1804-1881), Botaniker; Mitbegründer der Zelltheorie; untersuchte Zellplasma und Zellkern der Pflanzenzelle.

25 entartet - *abnormal*

25 hervor•rufen [7f] - *cause*

25 rasch aufeinanderfolgend - *following one another in rapid succession*

26 die Teilung - *division*

26 sich vermehren - *multiply*

26 vermehren: *The relative pronoun* die *in line 25 introduces a subordinate clause. However, the verb is not in the absolute final* position because of the phrase schneller...als; see §8.3:Note.

27 verdrängen - *displace*

28 ein•dringen [3a] (in + *acc.*) - *penetrate*

28 zerstören - *destroy*

29 entfernen - *remove*

30 beschäftigt sein (mit) - *be engaged (in)*

31 krankhaft - *pathological*

31 die Veränderung - *change*

32 verursachen - *cause*

32 erst wenn - *not until*

33 furchtbar - *terrible*

34 bekämpfen - *combat, control*

34 jedoch - *however*

34 erforderlich - *necessary*

35 der Vorgang - *process*

Die Landwirtschaft und der Gartenbau nutzen ebenfalls die
Ergebnisse der Zellforschung. Genaue Kenntnisse vom Bau und
der Funktion der Zelle ermöglichen die Anwendung wachstums-
hemmender oder wachstumsfördernder Stoffe bei Pflanzen. Da-
40 durch ist beispielsweise die Unkrautbekämpfung mit chemischen
Mitteln möglich.

Diese und viele andere wissenschaftliche Arbeiten haben
die Zellforschung in den letzten Jahren in den Mittelpunkt
der biologischen Wissenschaft gerückt. Man weiß jetzt, daß
45 die Zellen nicht nur Bausteine aller Lebewesen, sondern auch
Träger aller Lebensfunktionen sind. Zu deren Erforschung
dringt man mit Hilfe des Elektronenmikroskopes immer tiefer
in den Feinbau der Zelle ein. Auf diese Weise hofft man, die
Entstehung des Lebens, die Entwicklung der Lebewesen und noch
50 andere offene Fragen recht bald klären zu können.

Große Erfolge sind in den letzten Jahren bei der Erforschung der Vererbungsvorgänge erzielt worden. Man kennt
heute die Zellbestandteile, durch die Merkmale der Eltern an
die Nachkommen weitergegeben werden. Teilweise ist auch be-
55 reits bekannt, wie diese Erbträger zusammengesetzt sind. Mit
fortschreitender Erkenntnis auf diesem Gebiet wird es dem
Menschen möglich sein, die Entwicklung der Organismen und
ihre Eigenschaften günstig zu beeinflussen.

In Zukunft wird sich die Zellforschung vor allem mit der
60 Funktion der Zellen beschäftigen. Es ist sicher, daß die
Ergebnisse der Zellforschung für die Entwicklung der Mensch-
heit von ebenso großer Bedeutung sein werden wie die Nutzung
der Atomenergie.

Alle Organismen bestehen aus Zellen. Alle Zellen sind von
65   einer Zellmembran umgeben. Die dünnen Membranen von Pflanzenzellen werden später durch Zellulose, Holzstoff oder Korkstoff

36 der Gartenbau - *horticulture*	52 die Vererbung - *heredity*
36 ebenfalls = auch	53 durch die [§13.1.1]
38 die Anwendung - *application*	53 das Merkmal - *characteristic*
38 das Wachstum - *growth*	54 der Nachkomme - *descendant*
39 hemmen [§9.2.8] - *retard*	54 teilweise - *partially*
39 fördern [§9.2.8] - *further, pro-* *mote*	54 bereits = schon
39 der Stoff - *material*	55 der Erbträger - *bearer of heredi-* *tary factors*
40 das Unkraut - *weed(s)*	55 zusammen·setzen - *compose*
40 chemische Mittel *(pl.)* - *chemicals*	56 fort·schreiten [1b + §9.2.8] - *progress*
43 der Mittelpunkt - *center*	56 auf diesem Gebiet - *in this area*
44 rücken - *move*	58 die Eigenschaft - *attribute*
46 der Träger - *bearer*	58 günstig - *favorable (-ably)*
46 deren - *of these* (*i. e.* Lebens- funktionen)	58 beeinflussen - *influence*
48 auf diese Weise - *in this way*	59 die Zukunft - *future*
49 die Entstehung - *origin*	59 vor allem - *first and foremost*
49 die Entwicklung - *development*	60 sicher - *certain*
50 eine offene Frage - *an unanswered* *question*	62 die Nutzung - *utilization*
50 recht bald - *quite soon*	65 umgeben [4a] - *surround*
50 klären - *solve, explain*	65 dünn - *thin*
51 der Erfolg - *success*	66 der Holzstoff - *lignin*
	66 der Korkstoff - *suberin*

zu Zellwänden verstärkt. Tierischen Zellen fehlt eine feste
Zellwand, sie werden nur von einer Membran begrenzt.

    Innerhalb der Zellwand liegen das Zellplasma und der Zellkern.
70 Ihre wesentlichen Bestandteile sind Eiweiße, Fette und Zucker
(organische Stoffe) und Wasser und Salze (anorganische Stoffe).

    Zellen grüner Pflanzenteile enthalten Chloroplasten mit Chlo-
rophyll (Blattgrün). Zellkern, Zellplasma und Chloroplasten
bilden zusammen das Protoplasma.

75   Jede lebende Zelle ernährt sich und wächst. Durch ungleich-
mäßiges Wachstum von Zellwand und Protoplasma entstehen im Zellplasma Vakuolen. Sie sind mit wäßrigem Zellsaft gefüllt und
dienen als Speicherräume für Farbstoffe, Zucker, Vitamine und
Säuren. Auch Stärke, Eiweiße und Fette können in Vakuolen ge-
80 speichert werden. Diese Speicherstoffe sind wertvolle Nährstoffe
für Mensch und Tier.

    Zellen vermehren sich durch Teilung. Jede Zellteilung beginnt
mit einer Kernteilung. Die Bestandteile der Mutterzelle werden
zu gleichen Teilen an die Tochterzellen weitergegeben. Tierzellen
85 schnüren sich bei der Teilung durch, in Pflanzenzellen wird eine
neue Querwand gebildet.

67 die Wand - *wall*	76 entstehen [§6.2.2] - *be formed*
67 verstärken - *strengthen*	77 wäßrig [§19.1.2] - *watery*
67 fehlen [§1.3.2] - *be lacking to:*	77 der Saft - *sap*
What is the subject of this verb?	78 der Speicherraum - *storage space*
68 begrenzen - *bound, confine*	78 der Farbstoff - *dye*
69 der Kern - *nucleus*	79 die Säure - *acid*
70 das Eiweiß - *albumen, protein*	79 die Stärke - *starch*
75 ungleichmäßig - *irregular*	80 wertvoll - *valuable*
86 die Querwand - *dividing wall*	85 sich durch•schnüren - *undergo*
	cleavage

QUESTIONS ON THE TEXT

Why is it worthy of mention and even admirable that investigators of the 17th and 18th centuries were able to discover so much about the cell?

What have physics, mathematics, and technology contributed to the biological sciences?

In what areas can cell theory be of great practical significance?

In the investigation of what pathological condition is cell theory of special significance?

What is present (that is, "present" as far as the article is concerned) research involved with?

How do horticulture and agriculture benefit from cell research?

What do scientists expect to discover from further research into the cell?

What effect may cell theory have on research into heredity?

With what other field is cell theory compared as to importance?

Which of these two fields may turn out to be more important?

Wer hat den biologischen Wissenschaftlern dabei geholfen, den Bau und die Funktion der Zelle zu erforschen?

Was kann man heute mit Hilfe des Elektronenmikroskops tun?

Für welche Gebiete hat die Zellforschung große praktische Bedeutung?

Welches Gebiet ist für Mediziner heutzutage besonders wichtig?

Was ist die wichtigste Eigenschaft des Krebses?

Was erforschen die Wissenschaftler, die sich mit dem Krebs beschäftigen?

Welchen anderen Gebieten sind die Ergebnisse der Zellforschung nützlich?

Wozu sind chemische Mittel nützlich?

Welche Fragen hofft man, durch die Untersuchung mit Hilfe des Elektronenmikroskops zu klären?

Wodurch werden Merkmale der Eltern an die Nachkommen weitergegeben?

Was wird mit fortschreitender Erkenntnis auf dem Gebiet der Vererbungsvorgänge möglich sein?

Womit wird sich die Zellforschung in Zukunft vor allem beschäftigen?

Wodurch unterscheiden sich tierische von pflanzlichen Zellen?

Was sind die wesentlichen Bestandteile der Zelle?

Wodurch entstehen Vakuolen?

Findet man Vakuolen in tierischen Zellen? Warum?

Was kann alles in den Vakuolen gespeichert werden?

In welchem Jahrhundert wurde die Zelle entdeckt?

Wer waren Schwann und Schleiden?

Wann lebten sie?

Was erforschten sie?

Warum ist es erstaunlich, daß die Forscher des 17. und 18. Jahrhunderts so viel geleistet haben?

WORDS AND WORD FAMILIES

der Bau (10)
    der Baustein -e (5, 45)
bedeuten:
    bedeutend [§9.2.8] (2)
    die Bedeutung -en (21, 62)
bekämpfen (34)
    die Unkrautbekämpfung (40)
sich beschäftigen (mit) (30, 60)
der Bestandteil -e (3, 17)
    der Zellbestandteil (53)
die Biologie (22)
    der Biologe [§2.4] (2, 14, 23)
    biologisch (12, 44)
ein·dringen [3a] (in + acc.)   (28, 47)
das Eiweiß -e (70, 79)
entstehen [§6.2.2] (76)
    die Entstehung -en (49)
entwickeln:
    die Entwicklung -en (49, 57, 61)
erzielen (9, 52)
fein (17)
    der Feinbau (48)
forschen:
    der Forscher - (6)
    die Forschungsarbeit -en (18)
    erforschen (3, 31)
    die Erforschung (24, 46)
    die Zellforschung (20, 37)
das Gebiet -e (20, 56)
    das Arbeitsgebiet (23)
gegenwärtig (24, 30)
genau (2, 10, 34)
gesund (26, 35)
die Hilfe -n (16, 47)
    das Hilfsmittel - (15)

immer + *comparative* [§4.8.2]
    (2, 34, 47)
krank (25)
    die Krankheit -en (29, 33)
    krankhaft (31)
der Krebs -e (24)
    die Krebszelle -n (28)
leben [§9.2.8] (75)
    das Leben - (49)
    das Lebewesen - (5, 45, 49)
das Mittel - (41)
    das Hilfsmittel (15)
möglich (17, 33, 41, 57)
    ermöglichen (38)
nutzen (36)
    die Nutzung (62)
speichern (80)
    der Speicherraum/-räume (78)
    der Speicherstoff -e (80)
die Ursache -n (32)
    verursachen (32)
sich vermehren (26, 82)
der Vorgang/-gänge:
    der Lebensvorgang (35)
    der Vererbungsvorgang (52)
wesentlich (12, 70)
wissen [§8.1.2 (11, 44)
    die Wissenschaft -en (44)
    der Wissenschaftler - (12, 30)
    wissenschaftlich (6, 42)
die Zelle -n (1, 19)
    die Körperzelle (27)
    die Krebszelle (28)
    die Zellenlehre -n (5)
    die Zellteilung -en (26)

Name _____ Datum _____

["Übung A" in each unit is common to all Collections. It is meant to give you practice in recognizing and interpreting grammatical structures without necessarily knowing the meanings of all the words. The Practice Sentences for the exercises are taken from the corresponding units of all four Collections. The source of each sentence is shown by the initial letter of the Collection (P = Physik und Chemie; L = Literatur; M = Mensch und Gesellschaft; B = Biologie) and the line number referring to the reading text. Thus P:5 indicates that the sentence begins on the fifth line of the reading text of the current unit in Physik und Chemie.]

A In each of the following sentences, underline the inflected verb(s) of the main clause(s) once, the subject(s) twice. [§8.1 (including everything through §8.1.2.6)]

1 Wenn die Krebszellen nicht aus dem Körper entfernt werden, führt die Krankheit zum Tode. (B:28)

2 Durch das Wasserrad wird eine Wasserschraube gedreht, welche das gesamte heruntergeflossene Wasser wieder in das Oberbecken befördert. (P:5)

3 Wenn die Frau Männerschritte vor dem Hause hörte, eilte sie hinaus, um zu sehen, ob er es sei, und wenn es an die Tür klopfte, pochte ihr Herz. (L:26)

4 Seit der Entdeckung der Zelle zu Beginn des 17. Jahrhunderts haben viele bedeutende Biologen immer genauer die Zelle und ihre Bestandteile erforscht. (B:1)

5 Weil ich all dies weiß und selbst eine Ehe vorziehe, in der der Mann der Stärkere ist, tendiere ich auch zu Männern, die mindestens fünfzehn Jahre älter sind als ich. (M:29)

B Underline the inflected verb(s) in all subordinate clauses with a single line. Then indicate the head word — subordinating conjunction or relative pronoun — with a double underline. [§8.4]

1 Als sie zwanzig Jahre gewartet hatte und spürte, daß es ans Welken ging, lernte sie einen Mann kennen, der ihr nicht übel gefiel und den sie zu heiraten gedachte. (L:38)

2 Eine Maschine, die nach einmaligem Arbeitsaufwand in dauernder Bewegung bleibt und dabei sogar noch laufend zusätzliche Arbeit verrichtet, ist unmöglich. (P:47)

3 Es fand sich eine Spur, aber nur eine kleine, die nicht weit führte und sogleich wieder abbrach. (L:15)

4 Ich kenne eigentlich nur Fälle, in denen das schiefging,
und ich glaube auch nicht, daß ich eine bessere Ehe führen
könnte, weil ich Psychologie studiert habe und etwas mehr
von der Psyche der Menschen verstehe. (M:43)

5 Man kennt heute die Zellbestandteile, durch die Merkmale
der Eltern an die Nachkommen weitergegeben werden. (B:52)

C Rewrite the underlined subordinate clause as an independent
sentence, omitting the subordinating conjunction and putting
the inflected verb in its "independent" position.

1 Weil ich all dies weiß und selbst eine Ehe vorziehe, in
der der Mann der Stärkere ist, tendiere ich auch zu Männern, die mindestens fünfzehn Jahre älter sind als ich. (M:
29)

   Ich weiß all dies und ziehe selbst eine Ehe vor, in der der Mann

   der Stärkere ist.

2 Auch die kompliziertesten Vorschläge zum Bau eines solchen
perpetuum mobile sind vollkommen nutzlos, und sie zeigen nur,
daß der Erfinder sich nicht genügend mit den grundlegenden
Gesetzen der Physik befaßt hat. (P:50)

3 Daß wir heute recht genau über den Bau und die Funktion der
Zelle Bescheid wissen, ist nicht nur ein Verdienst vieler
biologischer Wissenschaftler. (B:10)

4 Sie nahm ihn wahrhaftig wieder auf, die Brave, nachdem sie
ein halbes Leben seinetwillen verwartet hatte, denn er war
und blieb nun einmal ihr Mann. (L:88)

5 Viele glauben, sie seien nicht ausreichend sexy, nicht normal,
wenn sie nicht auf dieser allgemeinen Sexwelle mitschwimmen,
die vielleicht ihrem Innersten widerstrebt. (M:63)

Name _____ Datum _____

A Indicate by a check in the appropriate column whether the noun
  or pronoun following the preposition is dative or accusative.
  Then give the reason for the use of that case: goal, position,
  time, or idiomatic usage. [§1.2.3 + §1.3.4; §4 for case endings.]

	Dative	Accus.	Reason
1 in sie (28)		✓	goal
2 in gesunden Zellen (35)			
3 in den letzten Jahren (43)			
4 in den Mittelpunkt (43)			
5 in den Feinbau (48)			
6 an die Nachkommen (53)			
7 im Zellplasma (76)			
8 an die Tochterzellen (84)			

B Indicate the usage of **werden**: independent (I), future (F), or
  passive (P). [§10]

1 wurden (9) __P__   6 wird (33) _____   11 werden (62) _____

2 geworden (20) ____   7 worden (52) _____   12 werden (66) _____

3 wird (24) _____   8 werden (54) _____   13 werden (80) _____

4 werden (29) _____   9 wird (56) _____   14 werden (83) _____

5 werden (32) _____   10 wird (59) _____   15 wird (85) _____

C Give the antecedent of each of the following personal or relative pronouns. [§5.3]

1 ihnen (14)   _____Biologen_____

2 die (25)   _____

3 Sie (27)   _____

4 sie[1] (28)   _____

5 sie[2] (28)   _____

6 die (53)   _____

7 Sie (77)   _____

D Using the principles reviewed in Exercise A on the other side
  of this sheet, fill in the blanks with the appropriate form
  of the prepositional phrase.

1 _____ haben viele Biologen
         (in + das 17. Jahrhundert)

   die Zelle erforscht.

2 Die Eltern geben ihre Merkmale _____
                                      (an + die Kinder)
   weiter.

3 Man erkennt immer genauer die Lebensvorgänge _____
                                                  (in + die
   _____.
       normalen Körperzellen)

4 Die Krebszellen dringen _____ ein.
                             (in + gesunde Zellen)

DIE FAMILIE KIEFERNGEWÄCHSE

Die Familie Kieferngewächse
gehört zu den Nadelgehölzen.
Sie haben nadelförmige Blätter (Na-
        deln).
Die meisten Arten
behalten ihre Nadeln
über den Winter und über mehrere
        Jahre,
bei einigen
(z. B. Europäische Lärche)
fallen sie im Herbst ab.
Der zapfenförmige weibliche Blüten-
        stand (Fruchtblätter)
und die zapfenähnlich zusammenstehen-
        den männlichen Staubblätter
stehen getrennt (getrenntgeschlechtig),
aber auf dem gleichen Baum (einhäusig).
    Die Zapfen entstehen aus einem
        weiblichen Blütenstand.
Ein Zapfen setzt sich aus vielen ein-
        zelnen Zapfenschuppen zusammen.
Die Zapfenschuppen sind Fruchtblätter.
Auf jedem Fruchtblatt liegen zwei
        Samenanlagen.
Sie sind nicht von Fruchtknoten um-
        geben.
Der Blütenstaub (Pollen) kann direkt
        auf die Samenanlage gelangen,
weil Narbe und Griffel fehlen.
Pflanzen, bei denen der Fruchtknoten
        fehlt,
die Samenanlage also „nackt" auf dem
        Fruchtblatt liegt,
bezeichnen wir als Nacktsamer.
Der Pollen ist sehr leicht,
er besitzt Luftsäcke.
Dadurch kann er lange in der Luft
        schweben
und wird vom Wind verbreitet (Wind-
        blütler).
    Der weibliche Blütenstand wächst
        nach der Bestäubung zum eigent-
        lichen Zapfen heran.
In diesem reifen die Samen.
Nacktsamer bilden nur Samen und keine
        Früchte aus.
Die reifen Samen besitzen Flügel
und werden vom Wind verbreitet.
Die Zapfen mit reifen Samen
öffnen sich bei trockenem Wetter
und schließen sich bei feuchtem
        Wetter.
So ist die Gemeine Kiefer der Samen-
        verbreitung durch den Wind
        angepaßt.

THE PINE FAMILY

The pine family
is one of the conifers.
They have needle-shaped leaves
        (needles).
Most species
keep their needles
through the winter and through sev-
        eral years;
in the case of a few
(e. g. European larch)
they shed in the autumn.
The cone-shaped female inflorescence
        (megasporophylls)
and the male microsporophylls, which
        stand together like a cone,
are separate (sexes separated),
but on the same tree (monoecious).
    The cones are formed from a
        female inflorescence.
A cone is composed of many single
        cone scales.
The cone scales are megasporophylls.
On each megasporophyll are situated
        two ovules.

They are not surrounded by ovaries.

The pollen can reach the ovule di-
        rectly
because stigma and style are lacking.

Plants in which the ovary is lacking,

(in which) the ovule accordingly lies
        "naked" on the megasporophyll,
we designate as gymnosperms.
The pollen is very light;
it has air sacks.
By means of these it can float in
        the air a long time
and is spread by the wind (anemophy-
        lous plant).
    The female inflorescence grows
        into the true cone after polli-
        nation.
In this the seeds ripen.
Gymnosperms develop seeds only, but
        no fruits.
The ripe seeds have wings
and are spread by the wind.
The cones with ripe seeds
open in dry weather

and close in damp weather.

Thus the common pine is suited to
        seed dissemination by the
        wind.

Die Familie Kieferngewächse gehört zu den Nadelgehölzen.
Sie haben nadelförmige Blätter (Nadeln). Die meisten Arten
behalten ihre Nadeln über den Winter und über mehrere Jahre,
bei einigen (z. B. Europäische Lärche) fallen sie im Herbst
5 ab. Der zapfenförmige weibliche Blütenstand (Fruchtblätter)
und die zapfenähnlich zusammenstehenden männlichen Staubblätter stehen getrennt (getrenntgeschlechtig), aber auf dem
gleichen Baum (einhäusig).

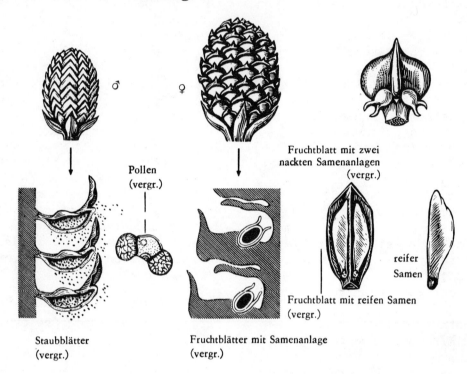

Pollen
(vergr.)

Fruchtblatt mit zwei
nackten Samenanlagen
(vergr.)

reifer
Samen

Fruchtblatt mit reifen Samen
(vergr.)

Staubblätter
(vergr.)

Fruchtblätter mit Samenanlage
(vergr.)

Die Zapfen entstehen aus einem weiblichen Blütenstand.
10 Ein Zapfen setzt sich aus vielen einzelnen Zapfenschuppen zusammen. Die Zapfenschuppen sind Fruchtblätter. Auf jedem
Fruchtblatt liegen zwei Samenanlagen. Sie sind nicht von
Fruchtknoten umgeben. Der Blütenstaub (Pollen) kann direkt
auf die Samenanlage gelangen, weil Narbe und Griffel fehlen.
15 Pflanzen, bei denen der Fruchtknoten fehlt, die Samenanlage
also „nackt" auf dem Fruchtblatt liegt, bezeichnen wir als
Nacktsamer. Der Pollen ist sehr leicht, er besitzt Luftsäcke.
Dadurch kann er lange in der Luft schweben und wird vom Wind
verbreitet (Windblütler).
20 Der weibliche Blütenstand wächst nach der Bestäubung zum
eigentlichen Zapfen heran. In diesem reifen die Samen.
Nacktsamer bilden nur Samen und keine Früchte aus. Die reifen
Samen besitzen Flügel und werden vom Wind verbreitet. Die
Zapfen mit reifen Samen öffnen sich bei trockenem Wetter und
25 schließen sich bei feuchtem Wetter. So ist die Gemeine Kiefer
der Samenverbreitung durch den Wind angepaßt.

Diagram: vergr. = vergrößert -
enlarged

Gemeine Fichte (Rottanne)   Weiß-Tanne   Gemeine Kiefer   Europäische Lärche

> **Gemeine Fichte:** Bis 50 m hoch, Nadeln einzeln am Zweig, deutlich vierkantig, allseitig gleichfarbig grün, spitz, auf der Unterseite der Zweige gescheitelt; braune Nadelstiele beim Abfallen am
30   Zweig zurückbleibend, entnadelte Zweige daher raspelartig rauh. Zapfen lang, hängend, im ganzen mit Schuppen abfallend; Blühzeit: Mai.

> **Weiß-Tanne:** Nadeln einzeln am Zweig, stumpfe Spitze; mit scheibenartig verbreitertem Stiel, Unterseite mit zwei weißen Längs-
35   streifen, Stiel löst sich beim Abfallen, entnadelte Zweige glatt. Rinde weißlich. Zapfen lang, aufrecht stehend, Schuppen einzeln abfallend; Blühzeit: Mai.

> **Gemeine Kiefer:** Nadeln grau oder blaugrün, 4 bis 5 cm, höchstens 7 cm lang. Zu zweit in Kurztrieben stehend. Rinde rötlich-
40   gelblich; Zapfen hängend, Zapfenschuppen mit rhombischem Schuppenschild; Blühzeit: Mai.

> **Europäische Lärche:** Nadeln hellgrün, zu Büscheln von 15 und

27 die Fichte - *spruce*
27 m = Meter
27 der Zweig - *(small) branch*
27 deutlich - *clear(ly)*
28 die Kante - *edge*
28 spitz - *(sharp) pointed*
29 gescheitelt - *striated, grooved*
29 der Stiel - *stalk*
30 entnadelt: *The prefix* ent- *often denotes removal:* decken - *cover /* entdecken - *discover;* laden - *load /* entladen - *unload.*
30 daher - *therefore*
30 raspelartig rauh - *rough like a rasp*
31 blühen - *blossom*

33 die Tanne - *pine*
33 stumpf - *blunt*
33 die Spitze - *end*
33 die Scheibe - *disk*
34 verbreitert - *broadened*
34 der Längsstreifen - *longitudinal striation*
35 sich lösen - *be detached*
35 glatt - *smooth*
36 die Rinde - *bark*
38 höchstens - *at the most*
39 zu zweit - *in pairs*
39 der Kurztrieb - *brachyblast*
41 der Schild - *shield*
42 das Büschel - *cluster*

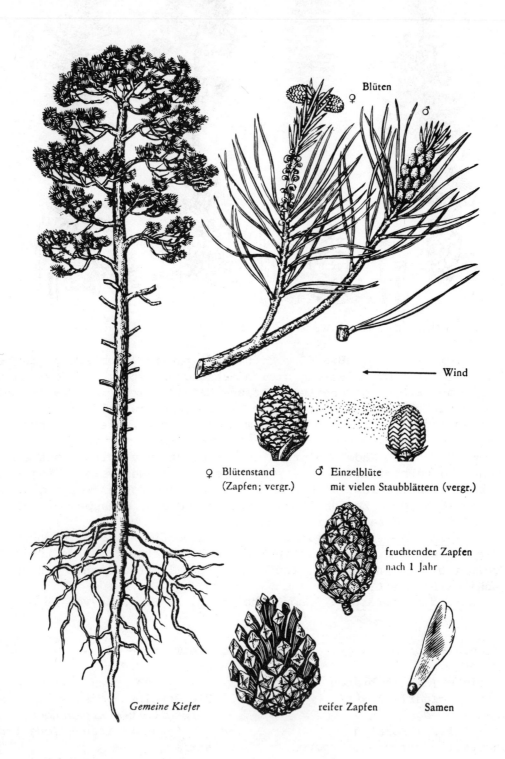

Blüten

♀   ♂

Wind

♀ Blütenstand
(Zapfen; vergr.)

♂ Einzelblüte
mit vielen Staubblättern (vergr.)

fruchtender Zapfen
nach 1 Jahr

Gemeine Kiefer

reifer Zapfen   Samen

mehr an knopfigen Kurztrieben, weich, fallen im Herbst ab. Rinde
grau bis braun. Kurzer aufrecht stehender Zapfen; Blühzeit: April,
45   Mai.

Gemeine Kiefer, Gemeine Fichte, Weiß-Tanne und Europäische Lärche sind die bei uns am häufigsten vorkommenden
Arten der Familie Kieferngewächse. Sie sind unsere wichtig-
sten Waldbäume. Fichten, Tannen und Lärchen sind Flachwurz-
50   ler. Fichten und Tannen bilden die großen Nadelwälder der
Mittelgebirge. Die Europäische Lärche ist besonders den
Lebensbedingungen im Hochgebirge angepaßt. Sie gedeiht gut
an Steilhängen und in Schluchten. Durch den jährlichen
Nadelwechsel ist sie unempfindlich gegen Rauch und viele
55   Abgase und wird immer mehr in unseren Mittelgebirgen ange-
pflanzt.

In den Nadelwäldern des Flachlandes finden wir vor allem
die Gemeine Kiefer. Mit ihrer langen Pfahlwurzel dringt die
Kiefer tief in das Erdreich ein und kann auch auf sandigen
60   Böden genügend Wasser und Nährstoffe aufnehmen.

Die einzelnen Arten der Familie Kieferngewächse kann man
leicht an ihrer Wuchsform (Krone), ihren Nadeln und der Form
und Stellung der Zapfen unterscheiden.

Die Kieferngewächse gehören zu den Nadelgehölzen. Sie haben
65   nadelförmige Blätter, sind einhäusig, getrenntgeschlechtig und
windblütig.

Die weiblichen Blüten stehen in einem zapfenförmigen Blütenstand beisammen. Die zusammenstehenden männlichen Staubblätter
sind auch zapfenähnlich.

70   Kieferngewächse sind Nacktsamer. Narbe, Griffel und Fruchtknoten fehlen, die Samenanlagen liegen frei auf den Fruchtblät-
tern. Nacktsamer bilden Samen aus, jedoch keine Früchte.

---

43 knopfig - *knobby*
43 weich - *soft*
47 bei uns = in Deutschland
47 häufig - *frequent*
47 die...Arten der Familie Kieferngewächse = die Arten der Familie
Kieferngewächse, die bei uns am
häufigsten vorkommen,
49 der Flachwurzler - *shallow-rooted
plant*
51 das Mittelgebirge: *mountains up to
2000 m;* das Deutsche Mittelgebirge:
*an east-west range of mountains
including* Taunus, Odenwald, Harz,
Bayerischer Wald, Thüringer Wald,
Riesengebirge, *among others.*

52 gedeihen [1a] - *thrive*
53 der Steilhang: steil - *steep;* der
Hang - *slope* [§16.1.6]
53 die Schlucht - *ravine*
54 der Wechsel - *change*
54 unempfindlich - *resistant*
55 das Abgas - *exhaust gas;* Abgase
(pl.) - *pollution*
57 das Flachland - *lowland*
58 die Pfahlwurzel - *taproot* (der
Pfahl - *pole*)
59 das Erdreich = der Boden - *ground*
52 die Wuchsform - *growth shape*
63 die Stellung - *position*

QUESTIONS ON THE TEXT

Identify which of the four trees de-
scribed has each of the follow-
ing characteristics:
It has two needles in one shoot.
Its cones are short, they stand
upright.
Its branches are rough when needles
fall off.
Its cones hang down and fall off
whole.
Its cones stand up, the scales fall
off singly.
Its needles have a dull point.
Its bark is reddish-yellow.
Why is the European larch such a popu-
lar tree in the "Mittelgebirge"?
What is the difference in root system
between the common pine and the
other trees described?

Wie nennt man die Bäume, die nadel-
förmige Blätter haben?
Beschreiben Sie die Fruchtblätter bei
der Familie Kieferngewächse!
Beschreiben Sie die Staubblätter bei
dieser Familie!
Was ist ein einhäusiger Baum?
Was ist also ein zweihäusiger Baum?
Was fehlt einem Nacktsamer?
Was hat also ein Bedecktsamer?
Was ist ein Windblütler?
Warum schließen sich die Zapfen der
Kiefer bei feuchtem Wetter?
Was für eine Wurzel hat die Gemeine
Kiefer?
Wo gedeiht sie besonders gut? Warum?
Was für Wurzeln haben Fichten, Tannen
und Lärchen?
Wo wachsen sie am besten?

WORDS AND WORD FAMILIES

ab·fallen [7a] (4, 29, 31, 35, 43)
an·passen [§19.1] (26, 52)
das Blatt/Blätter (2)
    das Fruchtblatt (5, 11, 16)
    das Staubblatt (6)
die Blüte -n:
    der Blütenstand/-stände (5, 9)
    der Blütenstaub (13)
    der Windblütler - [§9.1.3.1] (19)
einzeln (10, 27, 33, 61)
fehlen (15, 71)
die Fichte -n (27, 46, 49)
die Frucht/Früchte (22, 72)
    das Fruchtblatt/-blätter (5, 11)
    der Fruchtknoten - (13, 70)
das Gebirge -:
    das Mittelgebirge (51, 55)
    das Hochgebirge (52)
gehören (zu) (1, 64)
gemein (25, 27, 38, 46)
gleich (8)
    gleichfarbig (28)
die Kiefer -n (25)
    das Kieferngewächs - (1, 48)

die Nadel -n (2, 27)
    das Nadelgehölz -e (1)
    der Nadelstiel -e (29)
    der Nadelwald/-wälder (50)
    der Nadelwechsel (54)
    nadelförmig (2)
    entnadelt (30, 35)
reif (adj.) (22, 24)
    reifen (vb.) (21)
die Rinde (36, 39, 43)
der Samen - (21, 22, 72)
    die Samenanlage -n (12, 14, 71)
    die Samenverbreitung (26)
der Staub:
    das Staubblatt/-blätter (6)
    der Blütenstaub (13)
    die Bestäubung (20)
wachsen [6a]: heran·wachsen (20)
    das Kieferngewächs -e (1, 48)
    die Wuchsform -en (62)
die Wurzel -n:
    die Pfahlwurzel (58)
    der Flachwurzler - [§9.1.3.1]
      (49)
der Zweig -e (27, 30, 33)

Name _____ Datum _____

A Indicate by a check in the appropriate column whether the noun
  or pronoun in the underlined phrase is dative or accusative.
  Then give the reason for the use of that case: goal, position,
  time, or idiomatic usage. [§1.2.3 + §1.3.4; cf. §4 for case
  endings.]

	Dat.	Acc.	Reason
1 Die Frau wohnte <u>im vorletzten Stock</u>. (L:6)	----	----	------------
2 Die Wohnung <u>über ihr</u> stand leer. (L:17)	----	----	------------
3 Die Fenster des Vorraumes sahen <u>auf den Hof</u>. (L:62)	----	----	------------
4 <u>An eines der Fenster</u> war ein Gitterbett geschoben. (L:79)	----	----	------------
5 Bei einigen Bäumen fallen die Blätter <u>im Herbst</u> ab. (B:4)	----	----	------------
6 Der Blütenstaub kann direkt <u>auf die Samenanlage</u> gelangen. (B:13)	----	----	------------
7 Die Samenanlage liegt „nackt" <u>auf dem Fruchtblatt</u>. (B:15)	----	----	------------
8 Braune Nadelstiele bleiben beim Abfallen <u>am Zweig</u> zurück. (B:29)	----	----	------------
9 Vorsicht, sagt sich ein jeder, <u>vor intimerer Bekanntschaft</u> mit den Leuten von nebenan. (M:11)	----	----	------------
10 Dienstags geht die Frau <u>auf den Markt</u>. (M:25)	----	----	------------
11 Zu wem wird die Truhe <u>ins Haus</u> getragen? (M:34)	----	----	------------
12 Man kann Schwefel durch Zerreiben <u>in kleinste Teilchen</u> zerteilen. (P:1)	----	----	------------
13 <u>Auf der Strecke</u> 1 mm hätten ungefähr 10 Millionen Atome Platz. (P:18)	----	----	------------
14 Ein Molekül Quecksilberoxid zerfällt <u>in ein Atom Quecksilber und ein Atom Sauerstoff</u>. (P:69)	----	----	------------

B Review pages 53 and 54 of the Einführung. Then give the infinitive of each of the underlined verbs. Watch out for the
  separated components of compound verbs.

  1 Die meisten Arten der Nadelgehölze <u>behalten</u>
    ihre Nadeln über den Winter. (B:2)   ---------------

   2 Bei einigen <u>fallen</u> sie im Herbst ab. (B:4)   - - - - - - - -

   3 Ein Zapfen <u>setzt</u> sich aus vielen einzelnen
     Zapfenschuppen zusammen. (B:10)   - - - - - - - -

   4 Die Samenanlagen sind nicht von Fruchtknoten
     <u>umgeben</u>. (B:12)   - - - - - - - -

   5 Der Blütenstaub kann direkt auf die Samen-
     anlage <u>gelangen</u>. (B:13)   - - - - - - - -

   6 Unterhalb <u>lag</u> [4c] eine Werkstatt. (L:18)   - - - - - - - -

   7 Sie <u>bewegte</u> leicht den Kopf. (L:19)   - - - - - - - -

   8 Sooft er <u>aufsah</u> [4b], <u>kniff</u> [1b] er das
     linke Auge zu. (L:34)   - - - - - - - -

   9 Er <u>schien</u> [1a] das Lachen eine Sekunde lang
     in der hohlen Hand zu halten. (L:48)   - - - - - - - -

  10 Ein wunderbarer Instinkt hat dem Menschen
     <u>eingegeben</u>, mit Nachbarn nicht befreundet
     sein zu wollen. (M:1)   - - - - - - - -

  11 Seine Freunde <u>erwirbt</u> [5a] man anders.(M:4)   - - - - - - - -

  12 Es <u>geschah</u> [4b] schon, daß Freunde, als sie
     nebeneinander wohnten, ihre Freundschaft
     <u>einbüßten</u>. (M:6)   - - - - - - - -

  13 <u>Brät</u> [7a] die Nachbarin eine Gans? (M:24)
     <u>[Cf. §7.1.1:Note]</u>   - - - - - - - -

  14 Die Frage <u>drängt</u> sich auf. (M:30)   - - - - - - - -

  15 In Gedanken <u>setzen</u> wir diese Teilung fort,
     wobei wir zu immer kleineren Teilchen ge-
     langen. (P:2)   - - - - - - - -

  16 Es ist auf andere Weise <u>gelungen</u> [3a], ein-
     zelne Atome <u>nachzuweisen</u>. (P:19)   - - - - - - - -

  17 Zwischen ihnen <u>spielen</u> sich die chemischen
     Vorgänge ab. (P:23)   - - - - - - - -

  18 Wenn man eine Verbindung immer weiter zu
     <u>unterteilen</u> sucht, kommt man zu einer be-
     stimmten, endlichen Grenze. (P:24)   - - - - - - - -

C Review the notes on pronunciation on pages 53 and 54 of the
  Einführung. Then underline the accented syllable in each of
  the following verbs, taken from the sentences above. Be
  ready to read aloud the sentences in which they occur, being
  careful to stress the accented syllable.

    1 behalten   11 erwirbt

    4 umgeben   12 geschah, einbüßten

    5 gelangen   16 gelungen, nachzuweisen

    7 bewegte   18 unterteilen

  10 eingegeben

Name _____ Datum _____

A Look at each of the following nouns in its context and indicate which are singular, which plural. [§3]

1 _P_ Nadelgehölzen (1)　　　　11 ____ Arten (48)

2 ____ Blätter (2)　　　　　　　12 ____ Hochgebirge (52)

3 ____ Zapfen (9)　　　　　　　13 ____ Steilhängen (53)

4 ____ Zapfen (10)　　　　　　　14 ____ Nadelwechsel (54)

5 ____ Zapfenschuppen (10)　　15 ____ Abgase (55)

6 ____ Nacktsamer (17)　　　　16 ____ Nadelwäldern (57)

7 ____ Zweig (27)　　　　　　　17 ____ Pfahlwurzel (58)

8 ____ Nadelstiele (29)　　　18 ____ Böden (60)

9 ____ Zweige (30)　　　　　　19 ____ Wuchsform (62)

10 ____ Stiel (35)　　　　　　20 ____ Zapfen (63)

B Most of the sentences in the reading selection (disregarding
lines 27-44 and 64-72) start with the subject. There are
nine which do not. Locate these sentences and copy out in
columns:

The first element	The inflected verb of the main clause	The subject of the main clause
1 _____	_____	_____
2 _____	_____	_____
3 _____	_____	_____
4 _____	_____	_____
5 _____	_____	_____
6 _____	_____	_____
7 _____	_____	_____
8 _____	_____	_____
9 _____	_____	_____

C The gender of a noun can often be determined by a careful reading of contextual signals. Look at the text and then mark the
   gender of each noun given, using the nominative singular form
   of the definite article: der, die, or das.

1 _____ Winter (3)   10 _____ Kiefer (25)

2 _____ Lärche (4)   11 _____ Wind (26)

3 _____ Blütenstand (5)   12 _____ Unterseite (28)

4 _____ Blütenstaub (13)   13 _____ Spitze (33)

5 _____ Samenanlage (14)   14 _____ Fichte (46)

6 _____ Fruchtknoten (15)   15 _____ Nadelwechsel (54)

7 _____ Pollen (17)   16 _____ Pfahlwurzel (58)

8 _____ Luft (18)   17 _____ Erdreich (59)

9 _____ Bestäubung (20)   18 _____ Wuchsform (62)

D You may find it interesting to puzzle out the following little
   matching quiz and add to your vocabulary of botanical terms.
   Answers are at the bottom of the page.

___   1. Bedecktsamer   a. anemone

___   2. Kapselhals   b. dioecious

___   3. Kreuzblütler   c. dandelion

___   4. Löwenzahn   d. apophysis

___   5. Schmetterlingsblütler   e. angiosperm

___   6. Sporenkapsel   f. sporangium

___   7. Vorkeim   g. prothallium

___   8. Windröschen   h. dicotyledonous

___   9. zweihäusig   i. cruciferous plant

___ 10. zweikeimblättrig   j. papilionaceous plant

Ökologie als Grundlagenwissenschaft .

Das Zusammenleben von Pflanzen und Tieren in der Natur wurde lange Zeit als etwas Selbstverständliches angesehen, so daß es vielen Naturbeobachtern nicht notwendig erschien,
5 dieser Tatsache besondere Bedeutung zuzuschreiben. In jüngerer Zeit aber wurde deutlich, daß die Kenntnis der Ursachen dieses Zusammenlebens wesentlich zum richtigen Verständnis der lebenden Natur beiträgt. Heute ist die Untersuchung des Zusammenlebens von Organismen ein wichtiges Fachgebiet
10 der Biologie, mit dem wir uns beschäftigen müssen.

Die Wissenschaft von den Wechselbeziehungen zwischen den Lebewesen und ihrer Umwelt ist die Ökologie. Sie untersucht die Lebensäußerungen der Organismen an ihrem Standort. Diese Lebensäußerungen hängen von der Wirkung der Umweltfaktoren ab
15 (z. B. Lichtfaktor, Wärmefaktor, Feuchtigkeitsfaktor, Bodenfaktoren, Faktoren der gegenseitigen Beeinflussung von Organismen). Die Ökologie ist auch eine wichtige Grundlagenwissenschaft für die Land-, Forst- und Wasserwirtschaft, für die Landschaftsgestaltung, die Landschaftspflege und den
20 Naturschutz.

Das Zusammenleben der Organismen können wir nicht allein durch das Lesen eines Lehrbuchs und durch den Unterricht im Klassenzimmer verstehen lernen. Wir müssen in die Natur hinausgehen und die Pflanzen und Tiere in ihrer Umgebung und
25 in ihren Beziehungen zueinander untersuchen. Nur durch eigene Untersuchungen und deren Auswertung werden wir einen Einblick in die sehr komplizierten Gesetze gewinnen, von denen das Leben der Organismen in der Natur abhängt.

Title: die Umwelt - *environment*
1 die Ökologie - *ecology: In words of Greek origin German ö = English e.*
1 als [§18.1.5]
1 die Grundlagenwissenschaft - *basic science*
2 das Zusammenleben - *symbiosis*
3 etwas [§5.5.2]
3 selbstverständlich - *obvious*
3 an•sehen [4b] - *regard, consider*
4 der Beobachter - *observer*
4 notwendig - *necessary*
4 erscheinen [1a] - *seem*
5 die Tatsache - *fact*
5 zu•schreiben [1a] - *ascribe*
5 in jüngerer Zeit [§4.8.2] - *quite recently*
8 bei•tragen [6a] - *contribute*
8 die Untersuchung - *investigation*
9 das Fachgebiet - *area of specialization*
11 die Wechselbeziehung - *interaction*
13 die Lebensäußerung - *manifestation of life*

13 der Standort - *habitat*
14 ab•hängen [7c] (von) - *depend (on)*
14 die Wirkung - *effect*
15 die Wärme - *heat*
15 die Feuchtigkeit - *humidity*
16 gegenseitig - *reciprocal*
16 die Beeinflussung - *influence*
18 die Land-, Forst- und Wasserwirtschaft [§19.2.2]
19 die Landschaftsgestaltung - *landscaping (e. g. in road-building)*
19 die Landschaftspflege - *landscape management*
20 der Naturschutz - *conservation*
21 nicht allein = nicht nur
22 der Unterricht - *instruction*
24 die Umgebung - *immediate environment*
25 eigen - *one's own, personal*
26 deren - *their*
26 die Auswertung - *evaluation*
27 der Einblick - *insight*
27 das Gesetz - *law*
27 gewinnen [3b] - *gain*
28 denen [§13.1.1 or §13.1.2?]

Lebensraum und Lebensgemeinschaft

30   Eine Landschaft besteht aus zahlreichen größeren und kleineren Lebensräumen (Biotopen), in denen bestimmte Pflanzen- und Tierarten leben, weil dort die für sie günstigsten Lebensbedingungen vorhanden sind. Die miteinander in Gesellschaft lebenden Organismenarten eines Lebensraumes bilden eine
35 Lebensgemeinschaft (Biozönose).

      Beispiel: Ein Teich bietet den Organismen bestimmte Lebensbedingungen, die vom Klima (Temperatur, Licht, Luft, Wasser), vom Boden und von anderen Faktoren abhängen. Jeder Teich stellt einen Lebensraum dar. In ihm bildet eine Vielzahl von Organismen in ihrer
40 Gesamtheit eine Lebensgemeinschaft. Der Lebensraum beherbergt von der freien Wasserfläche aus über die dicht verwachsene Uferzone bis zu den angrenzenden Wiesen die reiche, vielgliedrige Lebensgemeinschaft „Teich". Im flachen Uferwasser des Teiches entwickelt sich eine besondere Pflanzengemeinschaft, das Teichröhricht. In diesem
45 Abschnitt der Lebensgemeinschaft „Teich" finden wir bestimmte Pflanzen- und Tierarten, die unter entsprechenden Umweltbedingungen in jedem Teich auftreten können. Gleiches gilt für das Pflanzen- und Tierleben der übrigen Bereiche.

29	der Raum - *space*	41	verwachsen - *covered with vegetation*
29	die Gemeinschaft - *community*	41	das Ufer - *shore, bank*
30	zahlreich = viel	42	an·grenzen - *border* [§9.2.8]
32	günstigst - *optimal*	42	die Wiese - *meadow*
33	vorhanden sein - *exist*	42	vielgliedrig - *many-membered*
36	der Teich - *pond*	44	das Röhricht - *bed of reeds*
36	bieten [2a] - *offer*	45	der Abschnitt - *section*
38	dar·stellen - *represent*	46	entsprechen [5a] - *correspond*
40	die Gesamtheit - *totality*	47	auf·treten [4a] = vor·kommen
40	beherbergen - *accommodate, give shelter to*	47	Gleiches = dasselbe
40	von...aus [§15]	47	gelten [5a] - *be true*
41	frei - *open*	48	die übrigen (*pl.*) - *the rest (of the)*
41	die Fläche - *surface*	48	der Bereich - *region*
41	dicht - *dense* [§4.9]		

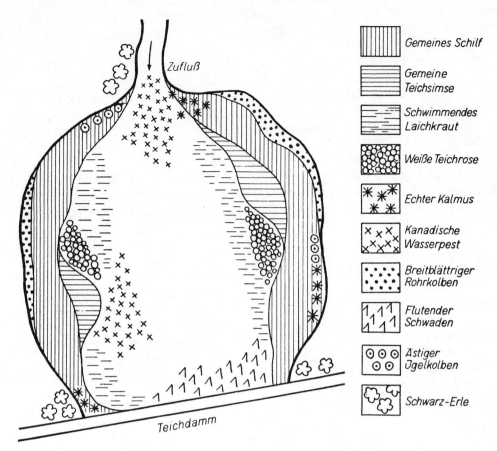

	Gemeines Schilf
	Gemeine Teichsimse
	Schwimmendes Laichkraut
	Weiße Teichrose
	Echter Kalmus
	Kanadische Wasserpest
	Breitblättriger Rohrkolben
	Flutender Schwaden
	Ästiger Igelkolben
	Schwarz-Erle

Zonierungsschema eines Teiches

Jede Lebensgemeinschaft besitzt einen durch die Bedingun-
50 gen des jeweiligen Lebensraumes geformten besonderen Aufbau.
Jedes Lebewesen ist mit der gesamten Lebensgemeinschaft verbunden, zu der es gehört. Jedes Einzelwesen (Individuum),
das wir für sich betrachten, lösen wir aus einer Gemeinschaft
heraus. In ihr kann es ständig nur leben, wenn es an die
55 besonderen ökologischen Bedingungen des Lebensraumes und der
ihm eigentümlichen Lebensgemeinschaft angepaßt ist.
Lebensgemeinschaft und Lebensraum stehen fortwährend in
engen Wechselbeziehungen miteinander. Sie bilden eine un-

Diagram:
   das Schilf - *reed*
   die Simse - *juncaceae (a family of herbs)*
   schwimmen [3c] - *float*
   das Laichkraut - *pondweed (Pota-mogeton)*
   die Teichrose - *water lily*
   der Kalmus - *calamus, reed, cane*
   die Wasserpest - *water weed*
   der Rohrkolben - *Typhaceae (an order of perennial marsh plants)*
   flutender Schwaden - *floating fescue*
   ästig - *ramified*
   der Igelkolben - *sparganium*
   die Erle - *alder*

49 besitzen [4d] = haben
49 einen: *What noun does* einen *modify?*
49 durch [§10.3.2]
50 jeweilig - *respective*
50 der Aufbau - *arrangement*
52 gehören (zu) - *be a part (of)*
53 für sich - *in isolation*
53 betrachten = ansehen (3)
53 heraus·lösen (aus) - *cut off (from)*
54 ständig - *permanent*
56 eigentümlich - *peculiar*
57 forwährend = ständig
58 eng - *close*
58 untrennbar [§9.2.1]: trennen - *separate*

trennbare Einheit. Einerseits sind die Lebensäußerungen der
60 Organismen vom Lebensraum abhängig, andererseits wirken die
Organismen aber auch auf ihren Lebensraum und damit wiederum
auf sich selbst verändernd ein.

Wenn wir eine Lebensgemeinschaft beobachten und untersuchen, so fällt uns sofort auf, daß das äußere Bild der Land-
65 schaft in erster Linie durch die Pflanzendecke bestimmt wird.
Sie verleiht ihr ein so charakteristisches Gepräge, daß wir
die meisten Lebensgemeinschaften nach den vorherrschenden
Pflanzenarten benennen.

Pflanzen sind standortgebundener als Tiere. Sie erzeugen
70 deren Nahrung, gewähren ihnen Wohnraum und Schutz. Daraus
ergeben sich enge lebensgemeinschaftliche Verknüpfungen
zwischen den Pflanzen und Tieren eines Lebensraumes.

59 die Einheit - *unit*
59 einerseits...andererseits - *on the
one hand...on the other*
60 ein·wirken (auf + *acc.*) - *influence,
affect*
64 auf·fallen [7a] - *strike*
64 äußer- - *external*
65 in erster Linie = vor allem -
first and foremost

65 die Decke - *cover*
65 verleihen [1a] = geben
66 das Gepräge - *stamp*
67 vorherrschend - *prevalent*
68 benennen - *name*
69 erzeugen = produzieren
70 gewähren - *provide*
71 die Verknüpfung - *connection*

QUESTIONS ON THE TEXT

Why wasn't ecology considered of real significance for such a long time?
What does the field of ecology concern itself with?
What does life depend on?
What practical fields does the science of ecology benefit?
What is necessary beyond classroom work for an understanding of ecology?
Define "Lebensraum" and "Lebensgemeinschaft."
Why is a pond a good example for a "Lebensraum?"
How far does this "Lebensraum" extend?
How is the structure of each "Lebensgemeinschaft" determined?
Why is it difficult to study individual organisms?
What are the relationships between individuals and their environment?
What determines the outer appearance of a landscape?

Was ist „Ökologie"?
Wozu trägt sie bei?
Warum müssen Naturbeobachter die Lebensäußerungen der Organismen in ihrer Umwelt untersuchen?
Warum ist „Ökologie" auch eine praktische Wissenschaft?
Warum müssen Pflanzen oder Tiere in einem bestimmten Lebensraum leben?
Wie nennt man die Organismen, die in diesem Lebensraum leben?
Beschreiben Sie das Beispiel „Teich"!
Was bietet ein Teich den Organismen, die darin oder darum leben?
Was liegt um den Teich?
Warum ist es schwer, ein Einzelwesen zu untersuchen?
Warum muß ein Individuum immer in einer bestimmten Lebensgemeinschaft leben?
Warum benennt man die Landschaft nach den vorherrschenden Pflanzenarten?

WORDS AND WORD FAMILIES

ab·hängen [7c] (von) (14, 28, 38)
äußer- (64)
    die Lebensäußerung -en (13, 59)
die Bedingung -en (49, 55)
    die Lebensbedingung (32, 36)
    die Umweltbedingung (46)
beobachten (63)
    der Naturbeobachter - (4)
die Beziehung -en (25)
    die Wechselbeziehung (11, 58)
bilden (39, 58)
der Boden/Böden (38)
    der Bodenfaktor -en (15)
eng (58, 71)
die Gemeinschaft -en (53)
    die Lebensgemeinschaft (29, 35)
    die Pflanzengemeinschaft (44)
gesamt (51)
    die Gesamtheit (40)

die Ökologie (1, 12)
    ökologisch (55)
der Raum/Räume:
    der Lebensraum (29, 31, 34, 39)
    der Wohnraum (70)
der Schutz (70)
    der Naturschutz (20)
der Standort (13)
    standortgebunden (69)
das Ufer -:
    das Uferwasser (43)
    die Uferzone -n (41)
die Umwelt (12)
    die Umweltbedingung -en (46)
    der Umweltfaktor -en (14)
untersuchen (12, 25)
    die Untersuchung -en (8, 26)
wirken: ein·wirken (60)
    die Wirkung -en (14)

Name _____ Datum _____

A Underline each form of **werden** in the following sentences and
  indicate its usage: independent (I), future (F), passive (P).
  [§10]

_P_ 1 Kathodenstrahlen <u>wurden</u> mit hoher Geschwindigkeit durch
      dünne Metallschichten geschickt. (P:9)

___ 2 Rutherford fand in einzelnen Fällen, daß ein einge-
      strahltes α-Teilchen genau in der Einstrahlungsrichtung
      zurückgeworfen wurde.(P:21)

___ 3 Aus dem materieerfüllten, kugelförmigen Atom der Dalton-
      schen Zeit war ein verwickeltes Gebilde aus Kern und
      Elektronen geworden. (P:28)

___ 4 Die Ausrede, daß diese Ansicht nicht genügend bewiesen
      sei, kann nicht mehr gebraucht werden. (M:4)

___ 5 Sofern nichts Eingreifendes geschieht, werden bundes-
      deutsche Frauen die ahnungslosesten bleiben. (M:43)

___ 6 Unterstützt werden die westdeutschen Monopolherren durch
      ausländische, vor allem amerikanische Monopolherren sowie
      durch die Militaristen. [§8.1.2.5] (M:72)

___ 7 Wo die Werktätigen herrschen, gibt es keine Ausbeutung
      der Menschen mehr durch kapitalistische Monopole und
      Konzerne, werden keine Völker mehr durch Kriege bedroht.
      (M:91)

___ 8 Das Zusammenleben von Pflanzen und Tieren in der Natur
      wurde lange Zeit als etwas Selbstverständliches ange-
      sehen. (B:1)

___ 9 In jüngerer Zeit aber wurde deutlich, daß die Kenntnis
      der Ursachen dieses Zusammenlebens wesentlich zum rich-
      tigen Verständnis der lebenden Natur beiträgt. (B:5)

___10 Mein besonderes Interesse gilt trächtigen Hündinnen, die
      der freudigen Geburt zukünftiger Steuerzahler entgegen-
      sehen: ich beobachte sie, merke mir genau den Tag des
      Wurfes und überwache, wohin die Jungen gebracht werden.
      (L:14)

___11 So wird man begreifen, daß ich sonntags einen ausgie-
      bigen Spaziergang mit Frau und Kindern und Pluto zu
      schätzen weiß. (L:45)

___12 Ich bin verloren, und manche werden mich für einen Zyni-
       ker halten, aber wie soll ich es nicht werden, da ich
       dauernd mit Hunden zu tun habe... (L:77)

B Underline all genitive noun phrases in the following sentences
  and mark each one singular (S) or plural (P). [§1.4 + §4.1-7]

  1 Heute ist die Untersuchung des Zusammenlebens von Organismen
    ein wichtiges Fachgebiet der Biologie. (B:8)

  2 Die Ökologie untersucht die Lebensäußerungen der Organismen
    an ihrem Standort. (B:12)

  3 In diesem Abschnitt der Lebensgemeinschaft „Teich" finden
    wir bestimmte Pflanzen- und Tierarten, die unter entsprechen-
    den Umweltbedingungen in jedem Teich auftreten können.(B:44)

  4 Gleiches gilt für das Pflanzen- und Tierleben der übrigen
    Bereiche. (B:47)

  5 Revidiert hat die Untersuchung die Gründe für die Sonderstel-
    lung der Frau im Beruf nicht, sie hat sie vielmehr bestätigt.
    [§8.1.2.5]   (M:33)

  6 Ihre bescheidene Stellung und dürftigen Einkünfte sind zum
    Teil auch Funktionen des niedrigen Lebensalters und der ver-
    gleichsweise kurzen Betriebszugehörigkeit. (M:35)

  7 Die Tabelle gibt uns einen Einblick in die großen Fortschrit-
    te der drei Naturwissenschaften. (P:1)

  8 Wir bemerken, daß gerade hundert Jahre zwischen der Entdek-
    kung des Gesetzes von der Erhaltung der Masse bei chemischen
    Reaktionen und der Entdeckung des natürlichen radioaktiven
    Zerfalls liegen. [§19.2.1] (P:2)

  9 Hier fand Bohr durch die Anwendung der gefundenen Quanten-
    theorie eine neue Deutung. (P:35)

 10 Als friedlicher Spaziergänger getarnt, rundlich und klein,
    eine Zigarre mittlerer Preislage im Mund, gehe ich durch
    Parks und stille Straßen. (L:5)

 11 Ich spüre es, wenn ein Köter reinen Gewissens an einem Baum
    steht und sich erleichtert. (L:13)

 12 Ich habe Hunde gern, und so befinde ich mich dauernd im
    Zustand der Gewissensqual. (L:21)

Name _____ Datum _____

A Give the antecedents of the following pronouns.

1 dem (10) _____   6 ihr (54) _____

2 denen (28) _____   7 es (54) _____

3 denen (31) _____   8 ihm (56) _____

4 ihm (39) _____   9 sie (66) _____

5 der (52) _____   10 ihr (66) _____

B Review page 92 of the Einführung and consult §14.1. There
  are four extended adjective constructions in your present selection, two in the paragraph lines 30-35, two in the paragraph lines 49-56. Copy the constructions out, including the
  introductory modifier and the closing noun. Then translate
  each into English.

1 _____

  _____

2 _____

  _____

3 _____

  _____

4 _____

  _____

C Rewrite the following subordinate clauses as independent sentences, omitting the subordinating conjunction and putting
  the verb in its "independent" position.

1 daß es vielen Naturbeobachtern nicht notwendig erschien,
  dieser Tatsache besondere Bedeutung zuzuschreiben. (4)

  ____ Es erschien vielen Naturbeobachtern nicht notwendig, dieser Tat- ____

  ____ sache besondere Bedeutung zuzuschreiben. _____

2 weil dort die für sie günstigsten Lebensbedingungen vorhanden sind. (32)

  _____

3 wenn es an die besonderen ökologischen Bedingungen des
  Lebensraumes und der ihm eigentümlichen Lebensgemeinschaft
  angepaßt ist. (54)

  ----

4 Wenn wir eine Lebensgemeinschaft beobachten und untersuchen,
  (63)

  ----

5 daß das äußere Bild der Landschaft in erster Linie durch
  die Pflanzendecke bestimmt wird. (64)

D Identify each of the following verb forms and write out its
  principal parts.

  1 angesehen (3) __past participle_____

Infinitive	Pres. 3rd Singular	Past	Past participle
ansehen	sieht...an	sah...an	angesehen

  2 erschien (4) _____

  ----

  3 zuzuschreiben (5) _____

  ----

  4 beiträgt (8) _____

  ----

  5 hängen...(14) _____

  ----

  6 stellt...(38) _____

  ----

  7 gilt (47) _____

Durch die Versuche des Augustinermönches Johann Gregor Mendel Mitte des 19. Jahrhunderts wurde eine wissenschaftliche Arbeits- und Betrachtungsweise in die Genetik eingeführt. Bereits vor Mendel beschäftigte man sich mit Problemen der Vererbung, ihm jedoch gelang es, den richtigen Ansatzpunkt für seine Untersuchungen zu finden, die Ergebnisse mathematisch auszuwerten und dadurch wesentliche Zusammenhänge zu erkennen, ohne Kenntnisse über die Träger der Erbanlagen zu besitzen. 1865 veröffentlichte er die von ihm erkannten Gesetze.

Mendels Arbeiten wurden von seinen Zeitgenossen wenig beachtet, ihre Bedeutung wurde nicht erkannt.

Um 1900 entdeckten unabhängig voneinander Correns (1864 bis 1933), de Vries (1848 bis 1935) und Tschermak (1871 bis 1962) die gleichen Gesetzmäßigkeiten der Vererbung wie Mendel, dem zu Ehren man sie als Mendelsche Gesetze bezeichnet.

Mendel ging bei seinen Versuchen von **einzelnen** bestimmten Merkmalen aus, während seine Vorgänger stets die **Gesamtheit** der Merkmale eines Organismus bewerteten und deshalb zu keinen klaren Ergebnissen kommen konnten. In seinen Kreuzungsversuchen erkannte er gewisse Regelmäßigkeiten bei der Vererbung einzelner Merkmale.

Auf Grund seiner Beobachtungen stellte er drei Erbgesetze auf, die auch heute noch in Kreuzungsexperimenten bestätigt werden können.

Mendelsche Gesetze

Mendel führte seine ersten und grundlegenden Versuche mit Erbsen durch und bestätigte die Ergebnisse durch Versuche mit Bohnen.

Title: die Gesetzmäßigkeit - *regularity*
die Vererbung - *heredity*
3 die Arbeitsweise - *procedure*
3 die Betrachtungsweise - *way of thinking*
3 ein·führen - *introduce*
4 bereits = schon
5 gelingen [3a]: es gelingt mir - *I succeed*
5 der Ansatzpunkt - *point of departure*
7 aus·werten - *evaluate*
7 der Zusammenhang - *connection*
8 der Träger - *bearer*
8 die Erbanlage - *hereditary factor*
9 veröffentlichen - *publish*
11 der Zeitgenosse - *contemporary*

12 beachten - *pay attention to*
16 zu Ehren (+ *dat.*) - *in honor of*
16 man + *inflected verb* [§7.5.4]
16 bezeichnen - *designate*
17 aus·gehen [§6.2.2] (von) - *start (with)*
18 das Merkmal - *characteristic*
18 der Vorgänger - *predecessor*
18 stets = immer
19 bewerten = auswerten (7)
20 die Kreuzung - *hybridization*
23 auf Grund - *on the basis*
23 auf·stellen - *formulate*
24 bestätigen - *confirm*
27 durch·führen - *carry out*
27 grundlegend - *basic*
28 die Erbse - *pea*
29 die Bohne - *bean*

30   Die folgenden Grundbegriffe der Vererbungsforschung muß man zum Erkennen der Gesetzmäßigkeiten beherrschen: Die Forscher arbeiten bei ihren Versuchen mit der Kreuzung (Bastardierung, Hybridisation) und verwenden dabei das Zeichen x. Sie übertragen von einem ausgewählten männlichen (♂)
35 Elternteil die Gameten (= die Fortpflanzungszellen im Pollen oder im Sperma) auf den mütterlichen (♀) Elternteil, die Eizelle. Die Kerne verschmelzen. Die Kreuzungspartner der Elterngeneration (= Pa-
40 rentalgeneration = P) müssen in dem zu untersuchenden Merkmal reinerbig sein. Die Nachkommenschaft (Tochtergeneration, Filialgeneration
45 = F) ist dann mischerbig. Die Einzelorganismen der F-Generation sind Mischlinge, Bastarde oder Hybriden in dem Untersuchungsmerkmal, dessen
50 Ausprägung sehr unterschied-

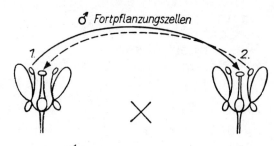

Abb. 1. Reziproke Kreuzung (Schema)

lich erfolgen kann. Die aufeinander folgenden F-Generationen werden mit F_1, F_2 usw. bezeichnet. Eine reziproke Kreuzung wird bei zwittrigen Organismen durch den gegenseitigen Austausch der ♂-Gameten durchgeführt; in der F_1 entstehen dann
55 gleichartige Nachkommen (Abb. 1).
    Das äußere Erscheinungsbild, d. h. die Summe aller Merkmale eines Individuums, wird als **Phänotypus** bezeichnet. Die im Zellkern liegenden Erbanlagen werden als **Genotypus** bezeichnet.

---

30 der Begriff - *concept*
31 beherrschen - *be fully conversant with*
33 das Zeichen - *symbol*
34 übertragen [6a] - *apply*
34 aus•wählen - *select*
35 die Fortpflanzung - *propagation*
36 das Ei - *egg*
37 verschmelzen [2e] - *merge*
41 in dem zu untersuchenden Merkmal [§14.1.6]
42 reinerbig - *homozygous*
45 mischerbig - *heterozygous*

47 der Mischling [§9.1.3.2]
50 die Ausprägung - *expression, realization*
50 unterschiedlich - *in different ways*
51 erfolgen - *take place, come about*
52 usw. = und so weiter - *etc.*
53 zwittrig - *hermaphroditic*
53 gegenseitig = reziprok
53 der Austausch - *exchange*
55 gleichartig - *similar*
56 das Erscheinungsbild - *appearance*
56 d. h. = das heißt - *that is, i. e.*

60 <u>1. Mendelsches Gesetz</u>

Nach der Kreuzung eines weißblühenden Garten-Löwenmauls mit einer rotblühenden Form treten in der F_1-Generation einheitlich rosa Blüten auf. Der Phänotypus der F_1 steht zwi-

65 schen den Phänotypen der P-Generation. Er nimmt auf Grund des mischerbigen Genotypus — jeder Elternteil steuert bei der Befruchtung

70 bei — eine Mittelstellung zwischen den Elternformen ein (Abb. 2). In diesem Falle spricht man von einer intermediären Vererbung. Weit häu-

75 figer wird das rezessive Merkmal des einen Elters durch das entsprechende dominante Merkmal des anderen Elters überdeckt. Bei der Kreuzung einer gelbsamigen Erbse mit einer grünsamigen beispielsweise bildet

80 die F_1-Generation einheitlich gelbe Samen aus. Auch hier ist die F_1-Generation einheitlich gestaltet, trägt aber die Erbanlagen der Eltern zu gleichen Teilen in sich. Die Erbanlage

85 Gelb ist stärker als die für Grün, es überdeckt die Farbe des anderen Partners, es dominiert in diesem Falle die gelbe Samenfarbe über die grüne

90 Färbung. Dies bezeichnet man als dominant-rezessiven Erbgang (Abb. 3).

Beim intermediären und auch beim dominant-rezessiven Erb-

95 gang ist die F_1-Generation einheitlich gestaltet. Aus diesen Tatsachen leitet sich das 1. Mendelsche Gesetz, das Uniformitäts- oder Gleichförmigkeitsgesetz, ab:

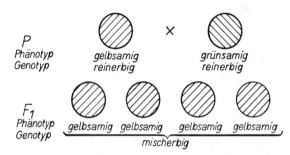

P
Phänotyp
Genotyp   rot reinerbig   ×   weiß reinerbig

F_1
Phänotyp
Genotyp   rosa   rosa   rosa   rosa
mischerbig

Abb. 2. Schematische Darstellung der Kreuzung einer weißblühenden mit einer rotblühenden Form des Garten-Löwenmauls

P
Phänotyp
Genotyp   gelbsamig reinerbig   ×   grünsamig reinerbig

F_1
Phänotyp
Genotyp   gelbsamig gelbsamig   gelbsamig gelbsamig
mischerbig

Abb. 3. Schematische Darstellung der Kreuzung einer gelbsamigen mit einer grünsamigen Erbse

60 1. [§19.3.1] = Erstes [§4.7]
61 das Löwenmaul - *snapdragon*
62 treten: *Infinitive?*
62 einheitlich - *uniform*
63 rosa - *pink: Note that* rosa *never has an adjective ending:* ein rosa Sommerhut.
66 nimmt: *Infinitive?*
69 bei·steuern - *contribute*
69 die Befruchtung - *fertilization*
72 der Fall - *case*
74 weit - *far*
76 häufig - *frequent*
76 der/das Elter = der Elternteil (35, 36) - *parent (used in the singular only in the natural sciences and statistics)*

77 entsprechen [5a] - *correspond*
79 samig: Samen [§9.2.3]
79 beispielsweise = zum Beispiel
82 gestalten = bilden
83 zu gleichen Teilen - *in equal parts*
86 es = das Gelb
87 es [§5.6]; *also, the English writer would be likely to separate the first thought of this sentence from the second with a semi-colon.*
91 der Erbgang - *mode of inheritance*
96 die Tatsache - *fact*
96 sich ab·leiten (aus) - *be derived (from)*
96 das 1. = das erste [§4.5]

Werden zwei reinerbige, in bezug auf ein oder mehrere Merkmalspaare unterschiedliche Organismen gekreuzt, so sind
100 bei gleichen äußeren Bedingungen die Nachkommen in der F_1-Generation einheitlich im Phänotypus gestaltet.

Es ist dabei gleichgültig, welche der beiden Elternformen als Mutter und welche als Vater verwendet wurde.

98 Werden... [§11.4]   98 mehrere - *several*
98 zwei: *What noun does* zwei *modify?*   102 gleichgültig - *irrelevant*
98 in bezug auf - *with regard to*

QUESTIONS ON THE TEXT

What was Mendel's contribution to the
science of genetics?
What do scientists know now which
Mendel did not know?
What did he do in 1865?
How was his work regarded by his con-
temporaries?
When was his work verified?
By whom?
What was the difference between Men-
del's work and that of his prede-
cessors?
With what kinds of plants did Mendel
experiment?
What does the sign "x" mean?
Which generation is of pure heredity?
Which generation is of mixed heredity?
What happens when hermaphroditic or-
ganisms are crossed?
What happens when a white snapdragon
is crossed with a red one?
What happens when a pea plant with
yellow seeds (pure heredity) is
crossed with one with green seeds
(pure)?
What is the like result, what the un-
like result in the two experi-
ments? Explain.
State the first of Mendel's laws.

Wann lebte Johann Gregor Mendel?
Was war er von Beruf?
Was für Versuche hat er durchgeführt?
Wie wurde seine Arbeit von seinen
Zeitgenossen angesehen?
In welchem Jahr wurden seine Gesetze
veröffentlicht?
Wann wurden sie erst bestätigt?
Womit fing Mendel bei seinen Versu-
chen an: mit einzelnen Merkmalen,
oder mit der Gesamtheit von Merk-
malen?
Warum konnten seine Vorgänger zu
keinen klaren Ergebnissen kommen?
Mit was für Pflanzen führte Mendel
seine ersten Versuche durch?
Lesen Sie folgende Zeichen auf deutsch:
F_1, x, F_2, ♀, ♂, F_3.
Beschreiben Sie:
Die Kreuzung eines weißblühenden Garten-Löwenmauls mit der rotblühenden Form.
Die Kreuzung einer gelbsamigen Erbse
mit einer grünsamigen.
Was ist der Unterschied zwischen den
beiden Experimenten?

WORDS AND WORD FAMILIES

bestätigen (24, 28)
bezeichnen (16, 52, 57)
durch•führen (27, 54)
der/das Elter -n (76, 78, 83)
    der Elternteil -e (35, 36, 68)
    die Elternform -en (102)
das Erbe:
    die Erbanlage -n (8, 58)
    der Erbgang (91, 94)
    das Erbgesetz -e (23)
    die Vererbung (5, 15, 74)
    mischerbig (45, 67)
    reinerbig (42, 98)
erkennen [§6.1.2] (10, 12, 21, 31)
der Fall/Fälle (72, 88)
die Farbe -n (86)
    die Färbung -en (90)
    die Samenfarbe -n (89)
das Gesetz -e (10, 16, 26)
    das Erbgesetz (23)
    die Gesetzmäßigkeit -en (15, 31)
gestalten (82, 95)

der Grund/Gründe (23, 67)
    grundlegend (27)
    der Grundbegriff -e (30)
kreuzen:
    die Kreuzung -en (32, 52)
    das Kreuzungsexperiment -e (24)
    der Kreuzungspartner - (38)
    der Kreuzungsversuch -e (20)
das Merkmal -e (18, 19, 22)
    das Untersuchungsmerkmal (49)
    das Merkmalspaar -e (99)
mischen:
    mischerbig (45, 67)
    der Mischling -e (47)
der Nachkomme -n (55, 100)
    die Nachkommenschaft (43)
überdecken (78, 86)
der Versuch -e (1, 17, 27)
    der Kreuzungsversuch (20)
der Wert -e:
    aus•werten (7)
    bewerten (19)

Name _____ Datum _____

A Some of the following sentences contain extended adjective constructions, some do not. Examine each one and underline the
  noun which the s p a c e d modifier modifies. [§14.2 and page
  92 of the Einführung]

1 Mendel führte s e i n e ersten und grundlegenden <u>Versuche</u> mit
   Erbsen durch. (B:27)

2 D i e in den Kesselhäusern von Turbinenanlagen durch Verbren-
   nen von Kohle gewonnene Wärmeenergie wird in den Turbinen in
   mechanische Energie umgewandelt. (P:2)

3 Die Geiseln wurden von Maschinengewehren so kunstgerecht um-
   gemäht, daß sie sofort in d i e lange, von ihnen selbst aus-
   gehobene Grube fielen. (L:49)

4 D i e folgenden Grundbegriffe der Vererbungsforschung muß man
   zum Erkennen der Gesetzmäßigkeiten beherrschen. (B:30)

5 In e i n e m mit Wasser gefüllten Kalorimeter wird ein mecha-
   nisches Rührwerk mit Hilfe von zwei absinkenden Gewichts-
   stücken in Umdrehung versetzt. (P:30)

6 Werden z w e i reinerbige, in bezug auf ein oder mehrere
   Merkmalspaare unterschiedliche Organismen gekreuzt, so sind
   bei gleichen äußeren Bedingungen die Nachkommen in der F_1-
   Generation einheitlich im Phänotypus gestaltet. (B:98)

7 Durch w e i t e r e, immer genauer durchgeführte Versuche wurde
   die gefundene Tatsache bestätigt. (P:51)

8 Wenn man heute von ‚deutscher Emigration' spricht, denkt man
   zunächst nicht an d i e unzähligen aus rassischen oder po-
   litischen Gründen zur Auswanderung Gezwungenen, sondern an
   die Künstler, Universitätsprofessoren und Politiker, die im
   Ausland das Bild eines anderen, besseren Deutschland zu be-
   wahren wußten. (M:11)

9 Manchmal sprachen wir auch über Politik, und er konnte sich
   über alles maßlos erregen, was auch nur d e n geringsten
   Anruch von Gewalt hatte. (L:25)

10 D i e im Zellkern liegenden Erbanlagen werden als Genotypus
    bezeichnet. (B:57)

B Each of the following sentences has conditional inversion [§11.4]. Rewrite each one, using the conjunction **wenn**.

1 Wird ein fahrender Zug gebremst, so werden dadurch die Bremsklötze und die Räder heiß. (P:6)

    Wenn ein fahrender Zug gebremst wird, so werden dadurch die Bremsklötze und die Räder heiß.

2 Werden zwei reinerbige, in bezug auf ein oder mehrere Merkmalspaare unterschiedliche Organismen gekreuzt, so sind bei gleichen äußeren Bedingungen die Nachkommen in der F_1-Generation einheitlich im Phänotypus gestaltet. (B:98)

3 Bildet man die Summe von mechanischer Energie und Wärmeenergie, so ist diese Energiemenge ebenso groß wie die aufgewandte elektrische Energie. (P:77)

4 Waren wir bei ihnen eingeladen, konnten wir uns aufmerksamere Gastgeber nicht wünschen. (L:27)

5 Wiederholt man den Vorgang mehrere Male nacheinander, so tritt eine gut meßbare Temperaturerhöhung ein. (P:37)

Name _____ Datum _____

A Give the antecedent of each of the following pronouns.

1 ihm (5) _____   5 dessen (49) _____

2 dem (16) _____   6 Er (66) _____

3 die (24) _____   7 die (85) _____

4 Sie (34) _____   8 es (86) _____

B Read §16, noting especially the pattern in §16.1.2. Nouns with
the suffix -ung always have the joining element -s- when they
are linked to a following noun. Find at least six examples of
this pattern in your reading passage.

1 _Betrachtungsweise (3)_____   4 _____

2 _____   5 _____

3 _____   6 _____

C Make new compounds from the lists below, with the meaning given,
joining one of the nouns from the left-hand column to one of the
nouns from the right. [§16.2]

    die Forschung   das Ergebnis

    die Untersuchung   die Methode

    die Vererbung   das Gesetz

    die Befruchtung   die Zeit

    die Kreuzung   · der Begriff

1 the fertilization concept (the concept of fertilization)

   ___der Befruchtungsbegriff_____

2 the investigative method _____

3 a law of heredity _____

4 the time of fertilization _____

5 the result of hybridization _____

6 the research results _____

D The reader of German has to be aware of the separable components
  of compound verbs [§9.5.1 and page 53 of the Einführung]. In
  the following sentences, some of the verbs are simple, others
  are compound. Underline the inflected verb in each sentence,
  and if there is a separated component, underline it as well.

1 Mendel <u>ging</u> bei seinen Versuchen von einzelnen Merkmalen <u>aus</u>.

2 Auf Grund seiner Beobachtungen stellte er drei Erbgesetze
  auf.

3 Er führte seine ersten Versuche mit Erbsen durch.

4 Nach der Kreuzung eines weißblühenden Garten-Löwenmauls mit
  einer rotblühenden Form treten in der F_1-Generation einheitlich rosa Blüten auf.

5 Der Phänotypus der F_1 steht zwischen den Phänotypen der P-
  Generation.

6 Er nimmt auf Grund des mischerbigen Genotypus eine Mittelstellung zwischen den Elternformen ein.

7 Jeder Elternteil steuert bei der Befruchtung bei.

8 In diesem Falle spricht man von einer intermediären Vererbung.

9 Bei der Kreuzung einer gelbsamigen Erbse mit einer grünsamigen bildet die F_1-Generation einheitlich gelbe Samen
  aus.

10 Aus diesen Tatsachen leitet sich das 1. Mendelsche Gesetz,
   das Uniformitäts- oder Gleichförmigkeitsgesetz, ab.

2. Mendelsches Gesetz

Kreuzt man die rosablühenden Pflanzen der F_1-Generation des Garten-Löwenmauls untereinander oder findet eine Selbstbefruchtung statt, so treten in der F_2-Generation drei verschiedene Blütenfarben auf. Neben den Blütenfarben der beiden Elternformen Weiß und Rot ist wiederum die rosa Blütenfarbe der F_1-Generation vorhanden. Eine Versuchsreihe zeigte folgendes Bild (Abb. 4):

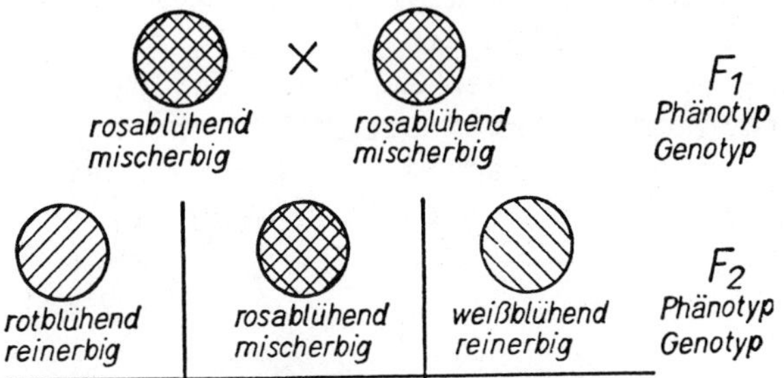

			F_1 Phänotyp Genotyp
rosablühend mischerbig × rosablühend mischerbig			
rotblühend reinerbig	rosablühend mischerbig	weißblühend reinerbig	F_2 Phänotyp Genotyp
1. Versuch 19 Pflanzen: davon 4 Pflanzen	9 Pflanzen	6 Pflanzen	
2. " 24 " : " 8 "	11 "	5 "	
3. " 25 " : " 5 "	14 "	6 "	
4. " 30 " : " 7 "	15 "	8 "	
Gesamt: 98 Pflanzen: davon 24 Pflanzen	49 Pflanzen	25 Pflanzen	

Abb. 4. Schematische Darstellung der Ergebnisse einer Versuchsreihe mit der Kreuzung von F_1-Partnern des Garten-Löwenmauls

Eine Auszählung der Blütenfarben Rot, Rosa und Weiß ergibt ein angenähertes 1:2:1-Verhältnis (rotblühend 24 Pflanzen, rosablühend 49 Pflanzen, weißblühend 25 Pflanzen, insgesamt 98 Pflanzen). Eine auf diese Art und Weise gewonnene Gesetzmäßigkeit nennt man ein statistisches Gesetz. Dieses läßt sich erst durch größere Versuchsreihen belegen, wobei aber stets nur Annäherungswerte erreicht werden.

Es ist das Verdienst Mendels, diese Gesetzmäßigkeit aufgedeckt zu haben. Bei seinen Erbsenversuchen arbeitete er mit dominant-rezessivem Erbgang.

1 2. [§19.3.1] = Zweites
3 untereinander – *with one another*
3 statt•finden [3a] – *take place*
4 auf•treten [4a] – *occur, appear*
4 verschieden – *different*
5 neben – *besides*
6 wiederum – *once again*
7 vorhanden = da *(used with things)*
7 die Reihe – *series*
Abb. 4:
   die Darstellung -en – *representation*
9 die Auszählung – *count*

10 angenähert – *approximate*
10 1:2:1 = eins zu zwei zu eins
10 das Verhältnis – *ratio*
12 die Art und Weise – *way, manner*
12 gewinnen [3b] – *obtain*
13 läßt sich...belegen [§7.5.2]
14 erst – *only*
14 belegen – *confirm, verify*
15 stets = immer
15 der Annäherungswert – *approximation*
16 das Verdienst – *meritorious achievement*

Aus 34 Erbsensorten wählte er 22 mit konstanten Merkmalen aus,
20 die er zuerst auf ihre Reinerbigkeit überprüfte. Zu seinen Versuchen verwendete er sieben Merkmalspaare, z. B. runde Samen /
kantige Samen —— gelbe Keimblätter / grüne Keimblätter, wobei die
dominanten zuerst genannt sind.

Alle Kreuzungen wurden reziprok durchgeführt, wobei in der F_1-
25 Generation die zuerst genannten Merkmale fast vollkommen dominierten. In der F_2-Generation traten neben den dominierenden auch die
rezessiven Merkmale wieder rein auf. Es ergab sich hier ein angenähertes Verhältnis von 3:1.

Bei weiteren Versuchen mit einer F_3-Generation zeigt sich, daß
30 die dominierenden Merkmale der F_2-Generation zu einem Drittel reinerbig und zu zwei Dritteln Hybride sind, die in gleichem Verhältnis
3:1 wieder aufspalten. Die rezessiven Merkmale der F_2-Generation
bleiben in den folgenden Generationen reinerbig (Abb.5).

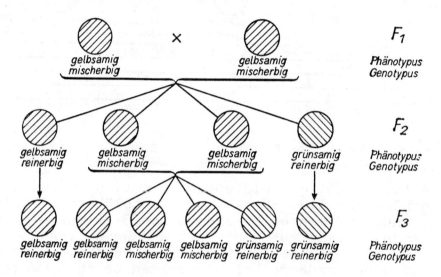

Abb. 5. Schematische Darstellung eines Beispiels für einen
dominant-rezessiven Erbgang (Erbsen)

Damit tritt auch im dominant-rezessiven Erbgang in der
35 F_2-Generation das gleiche Aufspaltungsverhältnis wie im intermediären Erbgang auf; denn von den dominierenden Merkmalen
sind 1/3 reinerbig, das entspricht 1/4 aller Versuchsergebnisse, 2/3 der dominierenden Merkmale sind mischerbig, das
entspricht 1/2 der Gesamtergebnisse; 1/4 aller Ergebnisse
40 sind reinerbig rezessiv, also 1:2:1. Aus der Spaltung der
F_2-Generation in ganz bestimmte Zahlenverhältnisse ergibt
sich das 2. Mendelsche Erbgesetz, das Spaltungsgesetz:

Werden Organismen der F_1-Generation miteinander gepaart,
so ist die F_2-Generation in dem betreffenden Merkmal nicht
45 einheitlich, sondern spaltet nach bestimmten Zahlenverhältnissen auf.

---

19 aus·wählen - *select*
20 überprüfen (auf + *acc.*) - *test*
   (*for*)
22 das Keimblatt - *cotyledon*
25 vollkommen - *complete*
29 weiter - *further*
32 auf·spalten - *segregate*
37 entsprechen [5a] (*+ dat.*) - *correspond to*

40 also - *accordingly*
40 die Spaltung - *separation*
42 das Spaltungsgesetz - *law of segregation*
43 paaren = kreuzen
44 betreffend - *under consideration*
45 einheitlich - *uniform*

Bei der Vererbung werden nicht Merkmale, sondern entsprechende Anlagen an die Nachkommen weitergegeben. Das geschieht auch beim dominanten Erbgang, obwohl in der F_1-Generation nur
50 das Merkmal eines Elters ausgeprägt ist. Das andere Merkmal erscheint in der F_2-Generation wieder, also müssen die Individuen der F_1 beide Anlagen tragen.

Zum besseren Verständnis des Erbganges hat schon Mendel für die einzelnen Erbanlagen Symbole (Buchstaben) benutzt.
55 Für die dominanten Merkmale verwendete er große Buchstaben, für die entsprechenden rezessiven kleine. Auch bei intermediärem Erbgang werden in der Regel nur kleine Buchstaben benutzt. In reinerbigen Ausgangsformen schreibt man die Erbformel für diese Merkmale mit zwei gleichen Buchstaben
60 (AA oder aa). Die Abbildung 6 zeigt, wie man sich die Verteilung der Erbanlagen bei der Kreuzung einer gelb- und einer grünsamigen Erbse im dominanten Erbgang vorstellen kann.

Für Tiere gelten die gleichen Gesetze wie für Pflanzen.

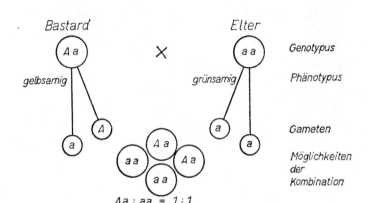

Abb. 6. Schematische Darstellung einer Rückkreuzung (Erbsen)

3. Mendelsches Gesetz

65 Bei den bisher behandelten Kreuzungsbeispielen unterscheiden sich die Elternformen nur in einem Merkmalspaar. Aus der F_2-Generation ist zu ersehen, daß keine Neukombination möglich ist, es treten nur die bei den Eltern schon vorhandenen Eigenschaften wieder in Erscheinung. Die intermediäre Farb-
70 ausbildung kann nicht als Neukombination bezeichnet werden, denn sie tritt nur in dem mischerbigen Zustand auf und kann nie reinerbig gezüchtet werden. Für die praktische Züchtung

48 die Anlage = die Erbanlage
48 geschehen [4b] – *happen*
49 obwohl – *although*
50 aus·prägen – *manifest, show*
52 tragen [6a] – *bear*
54 der Buchstabe – *letter (ABC)*
56 *What noun has to be supplied after*
    rezessiven? *What noun after* kleine?
57 in der Regel – *usually*
58 die Ausgangsform – *original form*

64 3. = Drittes
65 bisher = bis jetzt
65 behandeln – *treat*
67 ist zu ersehen [§7.5.3]
67 ersehen [4b] – *note, observe*
68 es [§5.6]
68 in Erscheinung treten [4a] – *appear*
69 die Eigenschaft – *characteristic*
71 der Zustand – *state*
72 züchten – *breed*

sind erst Kreuzungen von Bedeutung, bei denen Eltern mit mindestens zwei unterschiedlichen Merkmalspaaren gepaart werden.
75 Hier treten unter den Nachkommen Individuen auf, die Erbanlagen in neuer Kombination besitzen. Als Beispiel für die
Kreuzung mit zwei verschiedenen Merkmalspaaren betrachten wir
die Vererbungsvorgänge bei zwei Meerschweinchenrassen. Die
eine Rasse ist braun (AA) und besitzt ein glattes Fell (bb),
80 die andere Rasse ist weiß (aa) und hat ein struppiges Fell
(BB). Es werden also in der P-Generation die Merkmale AAbb
x aaBB gekreuzt. Die Gameten der P-Generation enthalten also
einmal die Merkmale Ab und zum anderen aB, daraus ergibt sich
für die F_1 im Genotypus die Kombination AaBb, im Phänotypus
85 sieht die F_1 braun-struppig aus.
    Die F_1-Generation bildet aber vier verschiedene Gameten
aus (AB, Ab, aB, ab), die bei Kreuzungen von F_1-Partnern miteinander kombiniert werden können. In der F_2-Generation
treten neben glatt-braunen und struppig-weißen nun auch glatt-
90 weiße und struppigbraune Formen auf. Neben den beiden Elternformen entstanden die zwei zuletzt genannten Formen durch
Neukombinationen der entsprechenden Merkmale der Eltern. Aus
diesen Vererbungsvorgängen leitet sich das 3. Mendelsche Gesetz, das Unabhängigkeitsgesetz ab:
95   Nach der Kreuzung von Individuen, die sich in mehr als
einem Merkmal voneinander unterscheiden, treten in der F_2-
Generation Neukombinationen auf. Jedes Merkmal wird dabei
nach dem Spaltungsgesetz vererbt, und die Merkmale werden
unabhängig voneinander auf die Nachkommen verteilt.

73 erst (14)
73 denen [§13.1.1]: *What is the subject of this clause?*
73 mindestens - *at least*
76 besitzen [4d] = haben
78 das Meerschweinchen - *guinea pig*
78 die Rasse - *breed, stock*
79 glatt - *smooth*
79 das Fell - *coat*
80 struppig - *rough*

83 einmal...zum anderen - *on the one
hand...on the other*
85 aus·sehen [4b] - *appear*
91 zuletzt genannt - *last-mentioned*
93 sich ab·leiten (aus) - *be derived
(from)*
93 das 3. = das dritte
94 das Unabhängigkeitsgesetz - *law
of independent combination*

QUESTIONS ON THE TEXT

In what two ways can pollination take
   place?

What happens if two plants of the F_1-
   generation of the snapdragon are
   crossed?

How is a statistical statement ob-
   tained?

What was Mendel's contribution?

How does the dominant-recessive hereditary characteristic show up in the
   F_2-generation?

State Mendel's second law.

Are traits passed on from generation
   to generation? Explain.

How did Mendel designate dominant and
   recessive traits?

What must be present in order to develop new combinations of traits?

Explain the hybridization of the two
   guinea pig families.

What color and what kind of fur does
   the phenotype of the F_1 have?

Describe the phenotype of the F_2 with
   the combination ab.

What is the symbolic designation of
   the guinea pig with rough brown
   fur?

State Mendel's third law.

Wie sehen alle Pflanzen der F_1-Gene-
   ration des Garten-Löwenmauls aus?

Welche Farben bekommt man, wenn man
   die Pflanzen der F_1-Generation
   untereinander kreuzt?

Was muß man immer tun, wenn man nur
   rosablühende Pflanzen will?

Was ist das angenäherte Verhältnis
   unter Rot, Rosa und Weiß, wenn
   man die Pflanzen der F_1-Genera-
   tion untereinander kreuzt?

Welche Farbe haben die Erbsensamen,
   wenn man die reinerbigen grünsamigen mit den reinerbigen
   gelbsamigen kreuzt?

Welche Farben hat die F_2-Generation,
   wenn man die Pflanzen der F_1
   untereinander kreuzt?

Wenn man jetzt die gelbsamigen Pflanzen der F_2 untereinander kreuzt,
   ungefähr wie viele grünsamigen,
   wie viele gelbsamigen Pflanzen
   bekommt man?

Und wenn man die grünsamigen der F_2
   untereinander kreuzt?

Wie kann man neue Kombinationen züchten?

WORDS AND WORD FAMILIES

also (40, 51, 81, 82)
die Anlage -n (48, 52)
   die Erbanlage (54, 61, 75)
angenähert (10, 27)
   der Annäherungswert -e (15)
auf·treten [4a] (4, 26, 34, 71)
besitzen [4d] (76, 79)
die Darstellung -en (Abb. 4, 5, 6)
entsprechen [5a] (37, 39, 47, 92)
erscheinen [1a] (51)
   in Erscheinung treten [4a] (69)
erst (14, 73)
glatt (79, 89)
neben (5, 26, 89, 90)
nennen [§6.1.2] (13, 23, 91)

die Reihe -n:
   die Versuchsreihe (7, 14)
spalten:
   auf·spalten (32, 45)
   die Spaltung (40)
   das Spaltungsgesetz (42)
   das Aufspaltungsverhältnis (35)
das Verhältnis/-nisse (10, 28, 31)
   das Zahlenverhältnis (45)
verschieden (4, 77, 86)
verteilen (99)
   die Verteilung (60)
vorhanden (7, 68)
züchten (72)
   die Züchtung (72)

Name _____   Datum _____

A Indicate the case and number of each of the underlined nouns
  in the following sentences. (NS=nominative singular; NP=nomi-
  native plural; AS=accusative singular; DP=dative plural, etc.)
  [§1, §3, §4] (There are no genitives among the underlined
  nouns.)

1 Bis 1945 sprachen die Emigranten auch stellvertretend für
  jene Wissenschaftler (AP) und Künstler zur freien Welt, die in
  Deutschland selbst Widerstand leisteten oder dort von den
  Nationalsozialisten (DP) umgebracht oder in Konzentrationslager (AP)
  verschleppt worden waren. (M:1)

2 Die großen Theater boten noch glänzende Aufführungen, die
  bedeutenden Orchester spielten noch ausgezeichnet. (M:11)

3 Widerstandskämpfer kamen aus der politisch verfolgten Linken:
  aus den Kreisen der Kommunisten, der Sozialdemokraten und
  Gewerkschaftler.... (M:46)

4 Bei weiteren Versuchen mit einer F_3-Generation zeigt sich,
  daß die dominierenden Merkmale der F_2-Generation zu einem
  Drittel reinerbig und zu zwei Dritteln Hybride sind. (B:29)

5 Bei der Vererbung werden nicht Merkmale, sondern entsprechende Anlagen an die Nachkommen weitergegeben. (B:47)

6 Für Tiere gelten die gleichen Gesetze wie für Pflanzen.(B:63)

7 Die Elektronen bewegen sich auf ihren Bahnen ohne Strahlung.
  (P:3)

8 Durch die Absorption eines Lichtquants wird das Elektron
  von einer inneren auf eine äußere Bahn gehoben. (P:8)

9 Nach seiner Stellung im Periodensystem hat das Natriumatom
  ein Elektron. (P:50)

10 Der Mann, der eben mit sichtlichem Behagen den zweiten Löffel
   zum Munde führte, hielt in der Bewegung inne. (L:67)

11 Sie aßen die Teller leer. (L:116)

12 Der Blick der Frau legte sich auf die Geldtasche, wie eine
   Hand. (L:120)

B The following sentences are all in the past. Rewrite them in
the present.

1 Die Wissenschaftler und Künstler wurden umgebracht oder in
Konzentrationslager verschleppt. (M:2)

----

2 Einige Zeitungen ließen die Leser einen anderen Text zwischen
den Zeilen lesen. (M:18)

----

3 In der F_2-Generation traten neben den dominierenden auch die
rezessiven Merkmale rein auf. (B:26)

----

4 Es ergab sich hier ein angenähertes Verhältnis von 3:1. (B:27)

----

5 Sommerfeld erklärte diese Tatsache dadurch, daß er neben den
erlaubten Kreisbahnen des Bohrschen Modells auch erlaubte
Ellipsenbahnen annahm. (P:16)

----

6 Sie schob sich hinein, und er setzte sich neben sie. (L:9)

----

7 Die Frau trug einigen Schmuck, und beide sahen ein bißchen
aus wie Kinder,... (L:18)

Name _____ Datum _____

A 1 With what conjunction could the author have begun each of the
    following sentences and still have retained the same meaning?
    [§11.4]
    _____

    a Kreuzt man die rosablähenden Pflanzen der F_1-Generation des
      Garten-Löwenmauls untereinander oder findet eine Selbstbe-
      fruchtung statt, so treten in der F_2-Generation drei ver-
      schiedene Blütenfarben auf.

    b Werden Organismen der F_1-Generation miteinander gepaart,
      so ist die F_2-Generation in dem betreffenden Merkmal nicht
      einheitlich, sondern spaltet nach bestimmten Zahlenverhält-
      nissen auf.

  2 Rewrite the first clause of each of the above sentences, be-
    ginning with the conjunction.

    a _____

      _____

      _____

    b _____

      _____

B The following sentences have extended adjective or participle
  constructions. Underline the construction in each sentence,
  including the modifier and the noun; then rewrite it as a noun
  + relative clause. [§14.1 and page 92 of the Einführung]

  1 Eine auf diese Art und Weise gewonnene Gesetzmäßigkeit nennt

    man ein statistisches Gesetz.

    _____

  2 Aus der F_2-Generation ist zu ersehen, daß keine Neukombina-

    tion möglich ist, es treten nur die bei den Eltern schon vor-

    handenen Eigenschaften wieder in Erscheinung.

    _____

C The following sentences all have passive meaning. Read §7.5,
  including all five subsections. Then underline the passive
  expressions and identify the subsection of §7.5 under which
  each can be classified; finally, translate the expression into
  English.

   _4_ 1 Kreuzt man die rosablühenden Pflanzen ... untereinander,

        are crossed (Why is the German verb singular, the English plural?)

___ 2 Dieses läßt sich erst durch größere Versuchsreihen belegen.

___ 3 Werden Organismen der F_1-Generation miteinander gepaart,...

___ 4 Auch bei intermediärem Erbgang werden in der Regel nur
kleine Buchstaben benutzt.

___ 5 In reinerbigen Ausgangsformen schreibt man die Erbformel
für diese Merkmale mit zwei gleichen Buchstaben.

___ 6 Aus der F_2-Generation ist zu ersehen, daß ...

___ 7 Die F_1-Generation bildet vier verschiedene Gameten aus,
die bei Kreuzungen von F_1-Partnern miteinander kombiniert
werden können.

___ 8 Aus diesen Vererbungsvorgängen leitet sich das 3. Mendelsche Gesetz ab.

___ 9 Nach der Kreuzung von Individuen, die sich in mehr als
einem Merkmal voneinander unterscheiden, treten in der
F_2-Generation Neukombinationen auf.

___10 Jedes Merkmal wird dabei nach dem Spaltungsgesetz vererbt,
und die Merkmale werden unabhängig voneinander auf die
Nachkommen verteilt.

a _____ b _____

D Answer the questions in the footnotes:

1 What noun has to be supplied after **rezessiven** (56)?

----

2 What noun has to be supplied after **kleine** (56)?

----

3 bei denen ... (73): What is the subject of this clause?

Warum können nur Europäer und einige Hirtenvölker Laktose im Organismus abbauen?

Milch ist gesund — wer wollte das bezweifeln! „Milch ist", so bekräftigt der „Gesundheitsbrockhaus" die einhellige
5 Ansicht von Milchtrinkern und Nichtmilchtrinkern, von Müttern, Ärzten und Ernährungsforschern, „das wertvollste und gehaltvollste Nahrungsmittel, das wir kennen."

Doch solche Urteile über Milch stimmen nur bedingt. Wertvoll als Nahrungsmittel über das Kleinkindalter hinaus ist
10 Milch vorzugsweise für Europäer und deren Abkömmlinge in Übersee. Für die Mehrzahl aller Menschen jedoch, für die meisten Asiaten, Orientalen, Afrikaner und Indianer, sind größere Mengen Milch von zweifelhaftem Nutzen. Vielen bekommt sie nicht.
15 Die verblüffende Erkenntnis aus jüngster Zeit, daß das enthusiastische Urteil über den Nutzen der Milch ganz einseitig an Europäern ausgerichtet ist, überraschte selbst Fachleute. In der Wissenschaftszeitschrift „Scientific American" faßte jetzt Norman Kretchmer, Professor für Kinderheilkunde und
20 Leiter der Abteilung für Entwicklungsbiologie an der Stanford-Universität, die bisher gewonnenen Ergebnisse über die Verträglichkeit der Milch zusammen. Daß scheinbar sehr naheliegende Beobachtungen erst jetzt gemacht wurden, schreibt Kretchmer „einer Art von völkischem Chauvinismus" zu, dem
25 Physiologen und Ernährungsforscher verfallen waren.

1 das Hirtenvolk - *sheep-herding people*
2 ab·bauen - *catabolize*
3 bezweifeln - *doubt*
4 bekräftigen - *confirm, corroborate*
4 der Gesundheitsbrockhaus: *Popular reference book on health. Brockhaus is the name of the publisher.*
4 einhellig - *unanimous*
5 die Ansicht - *opinion, view*
6 gehaltvoll - *nutritious*
8 doch = aber
8 das Urteil - *judgment, opinion*
8 stimmen - *be correct*
8 bedingt - *with reservations*
9 als [§18.1.5]
9 über...hinaus [§15] - *beyond*
9 das Alter - *age*
10 vorzugsweise = vor allem
10 der Abkömmling = der Nachkomme
11 in Übersee = in Amerika
11 die Mehrzahl - *majority*
11 jedoch - *however*
12 der Indianer - *American Indian* (*Indian from India:* Indier)
13 zweifelhaft - *doubtful*

14 bekommen [5d] (+ *dat.*) - *agree with*
15 verblüffend - *astonishing*
16 aus jüngster Zeit - *most recently*
17 ausgerichtet sein (an + *dat.*) - *apply (to)*
17 überraschen - *surprise*
17 selbst - *even*
17 der Fachmann [§3.5] - *expert*
18 zusammen·fassen [§19.1] - *summarize*
19 die Kinderheilkunde - *pediatrics*
20 der Leiter - *chairman*
20 die Abteilung - *department*
20 die Entwicklungsbiologie - *developmental biology*
22 die Verträglichkeit - *toleration*
22 daß - *the fact that*
22 scheinbar - *seemingly*
22 naheliegend - *obvious*
23 zu·schreiben [la] (+ *dat.*) - *ascribe to*
24 völkisch - *national, racial*
25 verfallen waren (+ *dat.*) - *had succumbed to* [§7.4.2]

Die Milchstory, die Kretchmer zu erzählen hat, wirft ebenso reizvolle wissenschaftliche wie bedeutsame praktische
Fragen auf, wie etwa diese:

30   Wie kommt es, daß Europäer und einige kleinere Gruppen von Nicht-
      europäern als offenbar einzige Säuger auch im Erwachsenenalter
      Milch optimal nutzen können?

      Ist es zweckmäßig, im Kampf gegen den Hunger weiterhin Milchpulver
      in die Entwicklungsländer zu schicken?

Ein Enzym fehlt

35   Die Schlüsselrolle in der Milchstory spielt der Milchzuk-
ker. Er ist das einzige Kohlenhydrat in der Milch und macht
— neben Fett und Eiweiß — einen wesentlichen Teil des
Nährwerts aus. Der Milchzuckergehalt beträgt in der Kuhmilch 4,5%. In der Frauenmilch liegt er mit 7,5% wesentlich
40 höher, in einigen Säugergruppen wie Walen und Bären viel
niedriger. Bei manchen Robbenarten, zu denen Walrosse und
Seelöwen zählen, enthält die Milch überhaupt keinen Milchzucker (sowie auch kein anderes Kohlenhydrat), und die Jungen vertragen Milchzucker auch nicht. Versucht man, sie mit
45 Kuhmilch großzuziehen, werden sie krank.
      Menschenkindern aber bekommt der hohe Milchzuckergehalt
der Frauenmilch ausgezeichnet. Doch die Fähigkeit des Kör-
pers, Milchzucker zu verarbeiten, nimmt bei den meisten
Menschen, zu denen eben Europäer nicht zählen, bald ab. Im
50 Alter von eineinhalb bis drei Jahren, wenn die Kinder in der
Regel abgestillt worden sind, schwindet die Bekömmlichkeit
des Milchzuckers schnell.
      Schuld daran ist der früh einsetzende Mangel an einem
Enzym, das dazu bestimmt ist, Milchzuckermoleküle zu spalten

26 auf·werfen [5a] - *bring up*
27 reizvoll - *stimulating*
27 bedeutsam = wichtig
28 etwa = z. B.
29 einige - *a few*
30 offenbar - *clearly*
30 einzig - *the only*
30 der Säuger = das Säugetier
30 der Erwachsene [§2.3] - *adult*
32 zweckmäßig - *effective*
32 das Milchpulver - *powdered milk*
35 der Schlüssel - *key*
35 Milchzuk-ker [§19.2.1]
35 der Milchzucker - *lactose*
38 der Nährwert - *nutrient value*
38 der Gehalt - *content*
38 betragen [6a] - *amount to*
39 4,5% = vier Komma fünf Prozent
   [§19.3.2]
40 der Wal - *whale*
41 die Robbe - *seal*
41 das Walroß - *walrus*

42 der Seelöwe - *sea lion*
42 zählen (zu) = gehören (zu)
42 überhaupt kein... - *no...at all*
43 sowie - *as well as*
43 die Jungen *(pl.)* - *the young*
44 vertragen [6a] - *tolerate*
45 groß·ziehen [2a] - *bring up, raise*
47 ausgezeichnet - *excellent(ly)*
47 die Fähigkeit - *ability*
47 der Körper - *body*
48 verarbeiten - *digest*
48 ab·nehmen [5c] - *decrease, diminish*
51 ab·stillen - *wean*
51 schwinden [3a] = verschwinden
51 die Bekömmlichkeit = die Verträglichkeit (22)
53 schuld sein (an + *dat.*) - *be re-*
   sponsible (for)
53 ein·setzen = beginnen
53 der Mangel (an + *dat.*) - *lack (of)*
54 dazu bestimmt sein - *have the*
   function

55 und sie dadurch verdaulich zu machen. Dieses Enzym heißt
Laktase und ist nach dem chemischen Namen des Milchzuckers
(Laktose) benannt.

Jedes Milchzuckermolekül besteht aus jeweils einem Molekül Glukose (Traubenzucker) und einem Molekül Galaktose,
60 die zusammengekoppelt sind. Das Enzym Laktase vermag diese
Koppelung zu lösen. Wird sie nicht gelöst, bleibt der
Milchzucker unverdaulich.

Säuglinge besitzen genügend Laktase zum Entkoppeln der
Milchzuckermoleküle. Der Milchzucker wird im obersten Ab-
65 schnitt des Dünndarms gespalten. Die Spaltprodukte Glukose
und Galaktose gelangen durch die Darmwand in den Blutstrom
und werden in der Leber in den Stoffwechsel eingeschleust.
Ist im Dünndarm keine oder zuwenig Laktase vorhanden, bleibt
im Darm Milchzucker übrig.

70 Ein Teil davon gelangt unverändert ins Blut und wird, da
der Körper nichts damit anfangen kann, mit dem Urin ausgeschieden. Der Rest durchwandert den Darm und löst dabei
durchaus unerwünschte Reaktionen aus. Einmal hält der Milchzucker auf Grund einer osmotischen Reaktion Wasser fest und
75 verhindert somit die normale Eindickung des Darminhalts.
Zum anderen dient die Laktose Darmbakterien als Nahrung, die
daraus organische Säuren und Kohlendioxyd produzieren. Die
Folgen dieser Reaktionen sind Völlegefühl und Blähungen,
Aufstoßen, Bauchschmerzen und Durchfall.

80 Ende der fünfziger Jahre berichteten Wissenschaftler aus
Genua und Manchester über Untersuchungen an Kindern, die
keinen Milchzucker vertrugen, die davon Durchfall bekommen
hatten oder gar gestorben waren. Die neuentdeckte Krankheit,
Laktose-Intoleranz genannt, erwies sich zwar in den nächsten

55 verdaulich - *digestible*
58 jeweils - *respectively*
59 die Traube - *grape*
60 zusammen·koppeln - *combine*
60 vermögen (zu) = können
61 lösen - *dissolve*
63 der Säugling [§9.1.3.2] - *nursing infant*
63 genügend - *sufficient*
64 der Abschnitt - *section*
65 der Dünndarm - *small intestine*
66 gelangen (in + *acc.*) - *get (into)*
67 die Leber - *liver*
67 der Stoffwechsel - *metabolism*
67 ein·schleusen (in + *acc.*) - *channel (into)*
68 übrig·bleiben [1a] - *remain, be left over*
70 unverändert - *unchanged*
71 nichts damit anfangen können - *not be able to do anything with it*
71 aus·scheiden [1a] - *excrete*
72 durchwandern - *move through*

72 aus·lösen - *cause*
73 durchaus - *completely*
73 unerwünscht - *undesirable*
73 fest·halten [7a] - *retain (What are the subject and the direct object of this verb?)*
75 somit - *thus*
75 die Eindickung - *inspissation*
75 der Inhalt - *content*
78 das Völlegefühl - *feeling of surfeit*
78 die Blähung = Gasbildung im Darm
79 auf·stoßen [7e] - *belch* [§2.5]
79 Bauchschmerzen *(pl.) abdominal pains*
79 der Durchfall - *diarrhea*
80 die fünfziger Jahre - *the fifties*
80 berichten (über + *acc.*) - *report (about)*
81 Genua - *Genoa*
82 bekommen [5d] - *get*
83 gar = sogar
84 sich erweisen [1a] als - *prove to be*
84 zwar [§18.8.2] : Doch (86) = aber

85 Jahren als nicht so selten, wie die Entdecker zunächst ge-
    glaubt haben mögen. Doch immer noch galt die Unfähigkeit,
    Milchzucker zu verdauen, als krankhafte Ausnahme, nicht als
    Normalfall bei Menschen und erst recht nicht bei Säugern
    allgemein.

90   Klarheit darüber zeichnete sich erst vor etwa zwei Jahren
    ab, als Bevölkerungsgruppen in aller Welt auf Milchzucker-
    verträglichkeit untersucht worden waren. Die Zusammenstel-
    lung der Ergebnisse offenbarte gänzlich Unerwartetes: Wäh-
    rend in Westeuropa und Skandinavien rund 90% der Bevölkerung,

95 unter weißen Amerikanern mehr als 80% über das Säuglings-
    alter hinaus Milchzucker anstandslos verdauen können, sind
    dazu von den Angehörigen schwarzer, brauner und gelber Rassen
    jeweils nur wenige Prozent in der Lage.
        Bemerkenswerte Ausnahmen bilden einige Hirtenvölker wie

100 die Fulbe in Westafrika. Diese Völker, die Viehwirtschaft
    betreiben und regelmäßig frische Milch trinken, leiden —
    in strengem Kontrast zu ihren Nachbarn — kaum mehr unter
    Laktose-Intoleranz als Europäer. Die Fulbe beliefern ihre
    Nachbarn mit einer Art Joghurt, die den milchzuckerempfind-

105 lichen Empfängern nicht schadet: Ebenso wie in Käse ist in
    Joghurt der Milchzucker in — verdauliche — Milchsäure um-
    gewandelt.
        Wie kommt es, daß unter allen Säugern ausgerechnet die
    Viehzucht treibenden Europäer sowie einige Hirtenvölker über

110 das Säuglingsalter hinaus Milchzucker verwerten können? Zwei
    Theorien wurden aufgestellt.

Vererbung oder Gewöhnung?

        Nach der einen könnte bei Menschen, die auch nach dem Ab-
    stillen regelmäßig Milch trinken — nun freilich Kuh- oder

115 Büffelmilch — das milchzuckerspaltende Enzym Laktase weiter-
    hin in beträchtlichem Ausmaß in den Dünndarm ausgeschüttet

85 selten - *rare*
85 zunächst - *at first*
86 geglaubt haben mögen - *may have be-
   lieved*
86 immer noch - *still*
86 gelten [5a] als - *be regarded as*
87 die Ausnahme - *exception*
88 erst recht nicht - *all the less so*
89 allgemein - *in general*
90 sich ab·zeichnen - *become apparent*
90 etwa = ungefähr - *approximately*
91 als [§18.1.1]
93 offenbaren - *reveal*
93 erwarten - *expect*
94 rund = etwa (90)
94 die Bevölkerung - *population*
95 unter - *among*
96 anstandslos - *without any difficulty*
97 der Angehörige - *member*
98 in der Lage sein (zu) - *be capable
   (of)*
99 bemerkenswert - *notable*
100 die[2] [§13.1.1, 2, or 3?]
100 die Viehwirtschaft - *livestock
    economy*

101 betreiben [1a] - *carry on*
101 regelmäßig - *regular*
101 leiden [1b] (unter + *dat.*) - *suffer
    (from)*
102 streng - *sharp*
102 kaum - *scarcely*
103 beliefern (mit) - *supply (with)*
104 empfindlich - *sensitive*
105 der Empfänger - *recipient*
105 schaden - *harm*
105 der Käse - *cheese*
106 die Milchsäure - *lactic acid*
106 umwandeln (in + *acc.*) - *convert
    (into)*
108 ausgerechnet...die Europäer - *the
    Europeans, of all people*
110 verwerten = verwenden, benutzen
112 die Gewöhnung - *habituation*
113 nach der einen (Theorie) [§18.6.2]
114 freilich - *to be sure*
116 beträchtlich - *considerable*
116 das Ausmaß - *extent*: in dem Aus-
    maß - *to the extent*
116 aus·schütten - *pour out, release*

werden, anstatt daß die Ausschüttung, wie von der Natur vorgesehen, nach dem Abstillen nachläßt. Also bedarf es zur
Produktion der Laktase der fortdauernden Anregung durch das
120 Trinken von frischer Milch.

Nach der anderen Hypothese werden ab und zu Menschen ge-
boren, die auf Grund von Mutationen, von Erbänderungen also,
über das Säuglingsalter hinaus Laktase produzieren. Traten
derartige Erbänderungen in einer viehzuchttreibenden Bevölke-
125 rung auf, waren die Laktasebesitzer im Vorteil, weil sie
neben den üblichen Nahrungsmitteln auch frische Milch in
größeren Mengen zu sich nehmen konnten. Die biologisch erfolgreicheren Laktasebesitzer könnten ihre vorteilhafte
Erbanlage allmählich auf die ganze Bevölkerung übertragen
130 haben.

Viehwirtschaft wird von Menschen seit zehntausend Jahren
betrieben. Die Milchzuckerverträglichkeit müßte sich somit
innerhalb von höchstens zehn Jahrtausenden von einem plötzlich — sicherlich mehrmals — aufgetauchten Erbmerkmal zu
135 einer in bestimmten Bevölkerungsgruppen weit verbreiteten
Eigenschaft entwickelt haben.

Für die eine wie für die andere Theorie sprechen Befunde.
Möglicherweise spielen in noch nicht durchschautem Zusammenspiel sowohl Vererbung als auch Gewöhnung eine Rolle.

140   Es ist offensichtlich, daß Entwicklungshilfe, die in Form
von Milchpulver ausgeteilt wird, neu überdacht werden muß.
Die Amerikaner haben das Milchproblem sogar im eigenen Land:
Die gesunde Milch ist für viele Kinder von Negern und anderen
Minderheiten ein fragwürdiger Gewinn. Zudem hat sich nun
145 die zunehmende Neigung einer rührigen Nahrungsmittelindustrie,
Produkte wie Kindernahrungsmittel, Backwaren, Zuckerwaren,
Tiefkühlkost und Obstkonserven mit Milchzucker anzureichern,
als bedenklicher Unfug erwiesen.

117 anstatt daß die Ausschüttung ... nachläßt - *instead of the abatement of the pouring out (The phrase* anstatt daß *is used as a subordinating conjunction. There is no equivalent structure with "instead" in English.)*
117 vor·sehen [4b] - *provide*
118 bedürfen [§6.1.3] *(+ gen.)* - *need*
119 fortdauernd - *continuing*
119 die Anregung - *stimulation*
121 ab und zu - *now and then*
124 derartige = solche
125 der Vorteil - *advantage*
126 üblich - *usual*
127 erfolgreich - *successful, effective*
129 allmählich - *gradual*
129 übertragen (auf + *acc.*) - *transmit (to)*
133 höchstens - *at the most*
133 plötzlich - *sudden*
134 sicherlich = bestimmt

134 auf·tauchen = vor·kommen, auf·treten
137 sprechen [5a] (für) - *support*
137 der Befund - *finding*
138 durchschauen - *perceive, understand*
138 das Zusammenspiel - *interplay*
140 offensichtlich - *apparent*
141 neu überdenken [§6.1.2] - *ponder afresh*
144 die Minderheit - *minority*
144 fragwürdig - *questionable*
144 zudem - *in addition*
145 zu·nehmen [5c] - *increase*
145 die Neigung - *inclination*
145 rührig - *enterprising*
146 die Backware - *baked goods*
147 die Tiefkühlkost - *frozen foods*
147 die Obstkonserven *(pl.)* - *canned fruits*
147 an·reichern - *enrich*
148 bedenklich - *dangerous*
148 der Unfug - *irresponsible conduct*

QUESTIONS ON THE TEXT

What does everyone assume about the nutritional value of milk?

What restriction must be put on these assumptions?

For what people is milk a healthful food?

What surprised the experts when they started looking at the problem more closely?

Who has been working on this problem lately?

To what does this investigator attribute the lack of attention to the problem?

What questions, scientific and practical, does he raise?

What are the nutrients in milk?

Which species have the highest, which the lowest percentage of lactose?

What happens if you try to raise a baby sea lion on cow's milk?

Why does that happen?

What change takes place in most humans at the age of one and a half to three years?

Which human beings are in the minority as to this change?

Why does the change take place?

What is the function of lactase?

What is the result if this function is not fulfilled?

Where is lactose broken down, and into what products?

What becomes of these?

Under what circumstances is lactose left in the intestine?

What becomes of this left-over lactose? (2 things)

How does it disturb the functions of the body? (2 ways)

What are some of the results?

When was lactose intolerance first discovered?

What was assumed about the condition, even though it turned out to be quite common?

What was recently investigated?

What was the result of the investigation?

What groups formed a notable exception?

What is remarkable about these people's eating habits and economy?

What milk products can be eaten by people sensitive to lactose?

Why are these digestible?

Into what two categories do the two theories about lactose tolerance fall?

Which of the two theories is propounded in lines 113-120?

How is this theory explained?

How is the second explained?

What is the author's conclusion about the two theories?

What are the practical social considerations in connection with the scientific fact expounded in this article?

Was haben Wissenschaftler in den letzten Jahren in bezug auf die Verträglichkeit der Milch entdeckt?

Wer ist besonders milchempfindlich?

Wie ist die Milchempfindlichkeit wissenschaftlich zu erklären?

Was ist Milchzucker?

Wie wird Milchzucker verdaut?

Was ist Laktase?

Was geschieht, wenn die Laktase im Dünndarm fehlt?

Bei welchen Menschen fehlt die Laktase?

Welche Menschen haben während des ganzen Lebens genügend Laktase?

Welche zwei Theorien haben die Wissenschaftler aufgestellt, um die Milchzuckerverträglichkeit in bestimmten Erwachsenen zu erklären?

Welche praktischen Probleme müssen jetzt neu überdacht werden?

WORDS AND WORD FAMILIES

das Alter (50)
    das Erwachsenenalter (30)
    das Kleinkindalter (9)
    das Säuglingsalter (95, 110, 123)
die Ausnahme -n (87, 99)
bekommen [5d] - *agree with* (13, 46)
    bekommen - *get* (82)
    die Bekömmlichkeit (51)
die Bevölkerung -en (94, 124, 129)
    die Bevölkerungsgruppe -n (91)
der Darm/Därme (69, 72)
    der Dünndarm (65, 68, 116)
    die Darmwand/-wände (66)
    der Darminhalt (75)
ebenso (26, 105)
einige (1, 29, 99, 109)
einzig (30, 36)
sich erweisen [1a] (84, 148)
die Fähigkeit -en (47)
    die Unfähigkeit (86)
der Gehalt -e
    gehaltvoll (6)
    der Milchzuckergehalt (38, 46)
gelangen (66, 70)
die Gewöhnung (112, 139)
jeweils (58, 98)
koppeln:
    entkoppeln (63)
    die Koppelung (61)
    zusammen•koppeln (60)
lösen (61)
    aus•lösen (72)

nehmen [5c]:
    ab•nehmen (48)
    zu•nehmen (145)
offenbar (30)
    offenbaren (93)
die Regel: in der Regel (51)
    regelmäßig (101, 114)
die Säure -n (77)
    die Milchsäure (106)
somit (75, 132)
treiben [1a] (109)
    betreiben (101, 132)
über...hinaus (9, 95, 109, 123)
unter - *among* (95, 108)
das Urteil -e (8, 16)
verdauen (87, 96)
    verdaulich (55, 106)
    unverdaulich (62)
vertragen [6a] (44, 82)
    die Verträglichkeit (22)
    die Milchzuckerverträglichkeit
      (91, 132)
das Vieh
    die Viehwirtschaft (100, 131)
    die Viehzucht (109)
    viehzuchttreibend (124)
der Vorteil -e (125)
    vorteilhaft (128)
zählen (zu) (42, 49)
der Zweifel -:
    bezweifeln (3)
    zweifelhaft (13)

Name _____Datum _____

A Each of the underlined words in the following sentences functions as either an adjective or an adverb. Indicate the
function of each one by writing above it: **Adj.** (adjective)
or **Adv.** (adverb). [§4.9]

1 Sie verwendet ... eigentümlich schillernde künstliche Formen.
(L:67)

2 In sichtbaren und hörbaren Handlungen und Ereignissen werden

die Folgen innerer Vorgänge, äußerer Handlungen und Ereignis-

se sowie ihre Voraussetzungen dargestellt und gemimt. (L:85)

3 Der spezifisch lyrische Raum ist die Innenwelt... (L:103)

4 Wir schließen nach Abb. 1 oben an eine gut arbeitende Pumpe
an. (P:1)

5 Betrachten wir die Schriften bei Tage, so finden wir, daß die

Buchstaben aus meist hellen Glasröhren gebogen sind. (P:25)

6 Nun beginnen die Glaswände in einem magisch grünen Licht zu

leuchten. (P:53)

7 Die schweizerische Frauenbewegung ... entfaltet eine dankbar

anerkannte Wirksamkeit auf dem Gebiete der gemeinnützigen und

wohltätigen Bestrebungen. (M:82)

8 Die Freiheit der Stimmabgabe ist wirksam geschützt. (M:97)

9 Schuld daran ist der früh einsetzende Mangel an einem Enzym.
(B:53)

10 Die biologisch erfolgreicheren Laktasebesitzer könnten ihre

vorteilhafte Erbanlage allmählich auf die ganze Bevölkerung

übertragen haben. (B:127)

B Rewrite each of the following extended adjective constructions
as a noun + relative clause, according to the patterns in §14.1.

1 mit der von ihm erschaffenen Welt (L:33) [§14.1.4]

_____mit der Welt, die von ihm erschaffen worden ist_____

2 in den von ihm gestalteten Spielraum (L:34) [§14.1.4]

_____

3 von den für ihn typischen mittelbaren Redeformen (L:43)
  [§14.1.5]

----

4 Trotz der auf diesem Gebiet herrschenden Problematik (L:128)
  [§14.1.2]

----

5 Unter den durch das Entladungsrohr fliegenden Elektronen
  (P:105)

----

6 die wohl auf den germanischen Brauch zurückgehende Ansicht
  (M:35)

----

7 die zahlreichen in der Schweiz lebenden Ausländer (M:24)

----

8 Dieser in der Industrie- und Massengesellschaft verbreitete
  Typus (M:117) [§14.1.3]

----

9 die Viehzucht treibenden Europäer (B:108)

----

10 zu einer in bestimmten Bevölkerungsgruppen weit verbreiteten
   Eigenschaft (B:135)

C Rewrite each of the following noun + relative clause constructions as an extended adjective/participle construction.

  1 ein Ball, der gegen eine Wand geworfen wird (P:87)

--------------ein gegen eine Wand geworfener Ball---------------

  2 die Elektronen, die zur Anode wandern (P:82)

----

  3 ein Funkenstrahl, der lautlos von einer Elektrode zur anderen
    zieht (P:42)

----

  4 die Berufe, die dem Mann vorbehalten waren (M:80)

Name _____ Datum _____

A Give the antecedent of each of the following pronouns.

1 deren (10) _____   4 Er (36) _____

2 sie (14) _____   5 er (39) _____

3 dem (24) _____   6 sie (61) _____

B Give the infinitive of each of the following verb forms. Watch
  for separable components of compound verbs.

1 faßte (18) [§19.1] _____

2 schreibt (24) _____

3 wirft (26) _____

4 macht (36) _____

5 nimmt (48) _____

6 hält (73) _____

7 zeichnete (90) _____

8 Traten (123) _____

C In each of the following sentences underline the subject (nominative case) of the main clause once, the inflected verb of the
  main clause twice.

1 Doch solche Urteile über Milch stimmen nur bedingt.

2 Wertvoll als Nahrungsmittel über das Kleinkindalter hinaus
  ist Milch vorzugsweise für Europäer und deren Abkömmlinge in
  Übersee.

3 Für die Mehrzahl aller Menschen jedoch, für die meisten Asiaten, Orientalen, Afrikaner und Indianer, sind größere Mengen
  Milch von zweifelhaftem Nutzen.

4 Vielen bekommt sie nicht.

5 Die Schlüsselrolle in der Milchstory spielt der Milchzucker.

6 Versucht man, sie mit Kuhmilch großzuziehen, werden sie krank.

7 Im Alter von eineinhalb bis drei Jahren, wenn die Kinder in
  der Regel abgestillt worden sind, schwindet die Bekömmlichkeit des Milchzuckers schnell.

8 Schuld daran ist der früh einsetzende Mangel an einem Enzym,
  das dazu bestimmt ist, Milchzuckermoleküle zu spalten und sie
  dadurch verdaulich zu machen.

9 Ein Teil davon gelangt unverändert ins Blut und wird, da der Körper nichts damit anfangen kann, mit dem Urin ausgeschieden.

10 Einmal hält der Milchzucker auf Grund einer osmotischen Reaktion Wasser fest und verhindert somit die normale Eindickung des Darminhalts.

D Prepositions can be confusing because they have a variety of translations, depending on their context. The preposition "über," for example, often means "over, above;" but in connection with the verb "sprechen," or "berichten," it is translated "about." When translating prepositions, then, you must be particularly careful to notice how the rest of the sentence reads. Following are some expressions taken from your text, with line numbers marking their locations. Look at each phrase in its context, then translate it.

1 Urteile über Milch (8) _____ *opinions about milk* _____

2 über das Kleinkindalter hinaus (9) _____

3 neben Fett und Eiweiß (37) _____

4 der Mangel an einem Enzym (53) _____

5 vor zwei Jahren (90) _____

6 unter weißen Amerikanern (95) _____

7 leiden ... unter Laktose-Intoleranz (101)

_____

8 unter allen Säugern (108) _____

9 Nach der einen ... (113) _____

10 nach dem Abstillen (113) _____

11 von der Natur vorgesehen (117) _____

12 zur Produktion der Laktase (118) _____

13 neben den üblichen Nahrungsmitteln (126)

_____

7a Beziehungen zwischen den Pflanzen einer Lebensgemeinschaft

Betrachten wir die außerordentlich bedeutsamen Bindungen zwischen Pflanzen und Mikroorganismen.

Symbiose und Schmarotzer

Besonders enge Wechselbeziehungen zwischen Pflanzen und
5 Mikroorganismen finden wir bei Symbiosen sowie zwischen Schmarotzern und ihren Wirten. Von den Pilzen eines Waldes leben meist 40 bis 70% in Symbiose mit bestimmten Waldbäumen. Sie bilden ein dichtes Flechtwerk um deren feine Wurzeln und dringen in die Wurzelzellen oder die Zwischenzellräume ein
10 (Abb. 1).

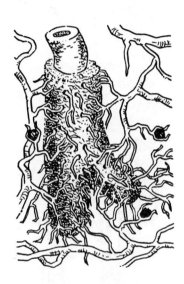 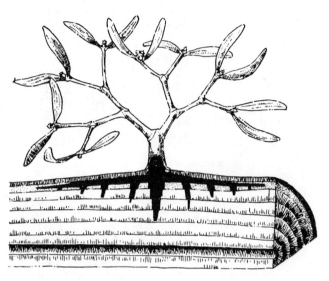

Abb. 1. Mykorrhiza (Pilz-wurzeln) an der Wurzel einer Rot-Buche.

Abb. 2. Die Mistel senkt ihre Saug-wurzeln (schwarz) in die Wirts-pflanze.

Bei den pflanzlichen Schmarotzern unterscheiden wir zwi-
15 schen Vollschmarotzern und Halbschmarotzern.

Vollschmarotzer sind blattgrünlos; sie entziehen alle Nährstoffe ihren Wirtspflanzen. Halbschmarotzer assimilie-ren das Kohlendioxid mit Hilfe von Blattgrün selbst, ent-nehmen aber ihren Wirten Nährsalze und Wasser.
20 Halbschmarotzer finden wir auf manchen Wiesen und in Wäl-

Title:
  die Beziehung - *relationship*
  zwischen = unter - *among*
1 betrachten wir - *let us consider*
1 außerordentlich - *exceptional*
3 der Schmarotzer - *parasite*
6 der Wirt - *host*
6 der Pilz - *fungus*
8 dicht - *dense*

8 das Flechtwerk - *interlacing*
11 die Saugwurzel - *haustorium:*
  saugen [2h] - *suck, absorb*
13 die Buche - *beech*
16 blattgrünlos [§9.2.5]: das Blatt-grün - *chlorophyll*
16 entziehen [2a] - *extract (from)*
20 die Wiese - *meadow*

dern. Ihre Wirte sind Gräser, Schmetterlingsblütengewächse,
Heidekraut, Nadel- und Laubhölzer. Bekannte Halbschmarotzer
sind die Misteln, die auf Laub- und Nadelbäumen wachsen
(Abb. 2).

25   Von den Vollschmarotzern ist bei uns die artenreiche
Familie der Sommerwurzgewächse verbreitet. Die einzelnen
Arten, meist von bleicher, gelbbräunlicher Farbe, sind an
verschiedene Wirte gebunden und kommen infolgedessen in
unterschiedlichen Pflanzengemeinschaften vor.

30 Fäulnisbewohner
        Die Fäulnisbewohner (Saprophyten) leben von vermodernder
organischer Substanz. Fäulnisbewohner sind vor allem viele
Pilze, aber auch verschiedene Pflanzen. Zu den bekanntesten
Arten gehört der Gewöhnliche Fichtenspargel. Er lebt in Sym-
35 biose mit Pilzen.

        Kletterpflanzen
        Die Kletterpflanzen besitzen wenig standfeste Sproßach-
sen. Sie klettern an anderen Pflanzen empor und bringen
dadurch ihre Blätter und Blüten in günstige Lichtverhält-
40 nisse (Abb. 3).

obere Baumschicht
(Kronenschicht)

niedere Baumschicht

Strauchschicht
(bis 5 m)
Feldschicht (bis 0,50 cm)
Moos-oder Bodenschicht

Abb. 3. Schichtung in einem Auwald (Schema)

21 das Schmetterlingsblütengewächs -
   papilionaceous plant: der Schmet-
   terling - *butterfly*
22 das Heidekraut - *heather*
22 die Laubhölzer *(pl.)* - *deciduous
   trees*: das Laub - *foliage*
23 die Mistel - *mistletoe*
25 bei uns = bei uns in Deutschland
25 artenreich - *of many different
   species*: -reich - *abundant, rich in*
26 das Sommerwurzgewächs - *Orobancha-
   ceae*
27 bleich - *pale*
28 infolgedessen - *consequently*
29 unterschiedlich = verschieden
31 die Fäulnis - *putrefaction*
31 vermodern - *decay, rot*

34 der Fichtenspargel - *pinesap, Monc-
   tropa hypopitys*: der Spargel -
   asparagus
37 klettern - *climb*
37 wenig - *not very*
37 standfest - *rigid*
37 die Sproßachse - *axis of the shoot*
38 empor·klettern - *climb up*
39 günstig - *favorable*
Abbildung 3:
   die Schicht - *zone*
   der Strauch - *bush*
   das Feld - *field*
   das Moos - *moss*
   die Schichtung - *stratification*
   der Auwald - *lowland forest*

Die Vergesellschaftung der
Pflanzen stellt besonders wichtige Beziehungen zwischen den
45 Pflanzen einer Lebensgemeinschaft her.
Die Mitglieder einer Pflan-
zengesellschaft nutzen gemeinsam die Lebensbedingungen ihres
50 Standortes. Sie bedrängen sich
dabei gegenseitig durch ihre
Sprosse (Abb. 3) und durch ihr
Wurzelsystem (Abb. 4). Die
verschiedenen Arten sind ent-
55 sprechend ihren Besonderheiten
besser oder schlechter geeignet, sich unter bestimmten Bedingungen durchzusetzen.
Schneller keimende und wach-
60 sende Arten sind solchen mit
langsamer Jugendentwicklung
überlegen.

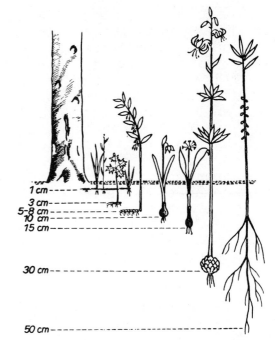

Abb. 4. Schematische Darstellung
der Wurzelschichten in einem
Buchenwald.

Die Konkurrenz zwischen den
Arten ist unterschiedlich, bei-
65 spielsweise stehen Arten mit gleichem Lebensrhythmus (z. B.
Frühblüher) untereinander mehr im Wettbewerb als solche,
deren Hauptentwicklung zu verschiedenen Zeiten der Vegetationsperiode erfolgt.

7b *Beziehungen zwischen den Pflanzen und Tieren innerhalb von Biozönosen*

In der Regel dienen die Pflanzen den Tieren als Nahrungs-
70 grundlage, nur sehr selten ist es umgekehrt („fleischfres-
sende Pflanzen").

Pflanzenfresser
Pflanzenfresser, deren Leben unmittelbar vom Vorkommen
bestimmter Nahrungspflanzen abhängig ist, sind in allen Tier-
75 stämmen vertreten. Sie sind besonders eng an bestimmte
Pflanzengesellschaften gebunden und beeinflussen die Pflan-
zengesellschaft sehr stark.

41 die Vergesellschaftung - *associa-tion*
47 das Mitglied - *member*
48 gemeinsam - *in common*
50 bedrängen - *crowd*
50 sich...gegenseitig [§5.4.2]
55 die Besonderheit - *special quality*
56 geeignet - *adapted*
58 sich durch·setzen - *prevail*
59 keimen - *sprout*
62 überlegen *(adj. + dat.)* - *superior to*

63 die Konkurrenz - *competition*
66 der Wettbewerb = die Konkurrenz
67 Haupt- *(in compounds)* - *main*
68 erfolgen - *take place*
70 umgekehrt - *vice versa*
73 unmittelbar - *direct*
75 der Stamm - *phylum*
75 vertreten [4a] - *represent: Is this form an infinitive or a past participle?*
76 beeinflussen - *influence*

Blütenbestäubung

80   Viele Insekten, aber auch andere Tiere, nähren sich von Nektar und Blütenstaub. Sie haben als Bestäuber der Blüten für die Lebensgemeinschaft Bedeutung. Der weitaus größte Teil aller Blütenpflanzen unserer Heimat wird durch Tiere bestäubt. Häufig stim-
85 men Blütenbau und Besonderheiten des Baus bestimmter Insekten besonders gut überein (Abb. 5). Die Farben der Blüten entsprechen dem Farbensinn, ihr Duft dem Geruchssinn ihrer Bestäuber. Die Blüten-
90 formen sind in diesen Fällen meist von geringerer Bedeutung als Farbe und Duft der Blüte.

Abb. 5. Anpassung zwischen Blüten und Insekten. Eine Hummel bestäubt eine Salbei.

     Der Bestand vieler Pflanzen in ihren natürlichen Lebensräumen ist ohne geschlechtliche Fortpflan-
95 zung (d. h. ohne Blütenbesucher) unmöglich. Fehlten die Bestäuber in der Lebensgemeinschaft, so könnten diese Pflanzen in ihr nicht bestehen. Damit fehlte allen Tieren, die von ihnen unmittelbar oder mittelbar abhängen, die Lebensmöglichkeit.

Samenverbreitung

100   Viele Tiere tragen zur Erhaltung von Pflanzenarten bei, indem sie deren Samen verbreiten (z. B. Vögel, Säuger und Ameisen).

     Die Beziehungen zwischen Pflanzen und Tieren sind oft
105 weit komplizierter, als das bei den bisher aufgeführten Beispielen zum Ausdruck kam. Die ernährungsbiologischen Bindungen zwischen den Lebewesen einer Biozönose sind nicht leicht zu übersehen. Während die Pflanzen und Tiere verschiedene Entwicklungsstadien durchlaufen, verändern sich
110 ihre Beziehungen untereinander und zu den anderen Umweltfaktoren. So benötigen Insektenlarven andere Lebensbedingungen als die Vollinsekten. Damit ändert sich auch ihre Wirkung auf das Gesamtgefüge einer Lebensgemeinschaft.

---

82 weitaus - *by far*
83 unsere Heimat = Deutschland
84 häufig - *frequent*
84 überein·stimmen - *coincide, correspond*
Abbildung 5:
    die Hummel - *bumblebee*
    die Salbei - *salvia*
88 der Sinn - *sense*
88 der Duft - *fragrance*
89 der Geruch - *smell*
91 gering - *little*: geringer - *less*
93 der Bestand - *existence, stability*
95 d. h. = das heißt - *that is, i. e.*

97 ihr: *Antecedent?*
98 ihnen: *Antecedent?*
101 bei·tragen [6a] - *contribute*
101 die Erhaltung - *preservation*
102 indem [§8.4.1.2]
102 der Vogel - *bird*
103 die Ameise - *ant*
105 auf·führen - *provide*
106 zum Ausdruck kommen - *be illustrated, be expressed*
108 übersehen [4b] - *overlook*
109 das Stadium - *stage*
111 benötigen - *need*
113 das Gefüge - *structure*

Vergesellschaftung von Tieren

115   Das folgende Schema zeigt die Stellung einer Tierart in einer Lebensgemeinschaft. Es ist zugleich geeignet,
die vielfältigen Möglichkeiten der
Vergesellschaftung von Tierarten deut-
120 lich zu machen.

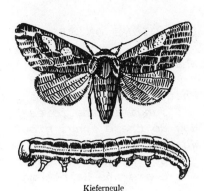

Kieferneule

Stellung einer Tierart innerhalb einer Lebensgemeinschaft

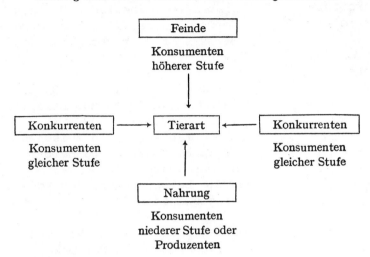

Raupenfliege

Eine Vergesellschaftung von Tieren
entsteht im einfachsten Fall dadurch,
daß eine bestimmte Tierart (als Konsu-
ment) von einer Pflanzenart (als Pro-
125 duzent) lebt. Diese Tierart dient
räuberischen oder parasitisch lebenden
Tierarten als Nahrung, welche wiederum
von bestimmten tierischen Feinden verfolgt und verzehrt werden. So ent-
130 stehen Nahrungsketten (Abb. 6) oder
Wirtsgemeinschaften in allen Biozönosen.

Schlupfwespe

    Eine Pflanzenart ist aber meist
nicht nur Nahrungsquelle für eine Tier-
135 art. Von ihr leben mehrere, oft sehr
viele, Tierarten und damit auch mehrere
Wirtsgemeinschaften. Auf diese Weise
entstehen Kettengemeinschaften.

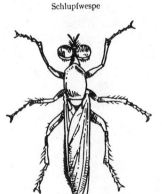

Raubfliege

Abb. 6. Beispiel für
eine Nahrungskette

115 die Stellung - *position*
117 Es: *Antecedent?*
117 zugleich - *at the same time*
117 geeignet (56)
118 vielfältig - *multiple*
Schema:
    der Feind - *enemy*
    der Konsument - *consumer*
    die Stufe - *level*
122 dadurch [§17.1.2]
125 dienen [§1.3.2]
126 räuberisch - *predatory*
128 verfolgen - *pursue*

129 verzehren - *consume*
130 die Kette - *chain*
Abbildung 6:
    die Kieferneule - *pine beauty*
        (Panolis)
    die Raupenfliege - *tachina, larva*
        fly
    die Schlupfwespe - *ichneumon fly:*
        die Wespe - *wasp*
    die Raubfliege - *robber fly*
        (Asilidae)
134 die Quelle - *source*
135 mehrere - *several*

QUESTIONS ON THE TEXT

What form of symbiosis is discussed
     in this selection?
What is the host of many forms of
     fungi in the forest?
How do these fungi grow?
What is the difference between Voll-
     schmarotzer and Halbschmarotzer?
Where are the Halbschmarotzer to be
     found?
What are saprophytes: Where do they
     live? On what kind of material?
Why do climbing plants climb?
What does diagram 3 illustrate?
     Diagram 4?
What are some of the characteristics
     of hardy plants, well suited to
     win out over others?
What plants are in special competi-
     tion with one another?
Where do most animals get their
     nourishment?
How do insects and other animals
     which feed on nectar and pollen
     influence the plants on which
     they feed?
How are most flowers pollinated?
What does diagram 5 illustrate?
How do color and fragrance develop?
What point about symbiosis is made
     in lines 93-99?

How do animals contribute further to
     the spread of plants?
What example is given of more compli-
     cated relationships between ani-
     mals and plants (lines 104-113)?
Give an example illustrating the dia-
     gram after line 120. Do this in
     German and try it out on other
     members of your group for accu-
     racy.

Geben Sie ein Beispiel von Symbiose!
Wie wachsen und leben zum Beispiel
     viele Pilze im Wald?
Was ist der Unterschied zwischen
     Vollschmarotzern und Halb-
     schmarotzern?
Geben Sie Beispiele von der Konkur-
     renz zwischen den verschiedenen
     Pflanzenarten.
Welche Pflanzenarten stehen unter-
     einander mehr im Wettbewerb als
     andere?
Wie werden viele Pflanzen bestäubt?
Wie werden Samen oft verbreitet?
Erklären Sie das Schema nach Zeile
     120! Machen Sie es an Beispielen
     klar!
Geben Sie ein Beispiel von einer
     Nahrungskette!

WORDS AND WORD FAMILIES

ändern (112)
    verändern (109)
die Art -en (27, 34, 54, 60, 64)
    artenreich (25)
    die Pflanzenart (124)
    die Tierart (116, 119)
besonders (4, 43, 75, 86)
    die Besonderheit -en (55, 85)
bestehen [§6.2.2] (97)
    der Bestand (93)
binden [3a] (28, 76)
    die Bindung (1, 106)
das Blattgrün (18)
    blattgrünlos (16)
der Duft/Düfte (88, 91)
geeignet (56, 117)
die Gesellschaft -en:
    die Pflanzengesellschaft (47, 76)
    die Vergesellschaftung (42, 114, 121)
die Kette -n:
    die Kettengemeinschaft -en (138)
    die Nahrungskette (130)
klettern:
    empor·klettern (38)
    die Kletterpflanze -n (36, 37)

die Konkurrenz (63)
    der Konkurrent -en (Schema)
mehrere (135, 136)
mittelbar (98)
    unmittelbar (73, 98)
der Pilz -e (6, 33, 35)
rauben:
    räuberisch (126)
    die Raubfliege -n (Abb. 6)
die Schicht -en:
    die Baumschicht usw. (Abb. 3)
    die Wurzelschicht (Abb. 4)
    die Schichtung (Abb. 3)
der Schmarotzer - (3, 6, 14)
    der Halbschmarotzer (15, 17, 20)
    der Vollschmarotzer (15, 16)
der Sinn -e:
    der Farbensinn (88)
    der Geruchssinn (89)
die Stellung -en (115, Schema)
unterschiedlich (29, 64)
verbreiten (26, 102)
    die Samenverbreitung (100)
der Wirt -e (6, 19)
    die Wirtsgemeinschaft -en (131)
    die Wirtspflanze -n (17)

Name _____ Datum _____

A Indicate by a check in the appropriate column whether the noun
in the underlined phrase is dative or accusative. Then give
the reason for the use of that case: goal, position, time, or
idiomatic usage. [§1.2.3 + §1.3.4; cf. §4 for case endings.]

	Dat.	Acc.	Reason

Die Pilze bilden ein dichtes Flechtwerk
um die feinen Wurzeln der Waldbäume und
dringen in die Wurzelzellen[1] ein. (B:8)

Halbschmarotzer finden wir auf manchen
Wiesen[2] und in Wäldern[3]. (B:20)

Die einzelnen Arten sind an verschiedene
Wirte[4] gebunden. (B:26)

Die Vergesellschaftung der Pflanzen
stellt besonders wichtige Beziehungen
zwischen den Pflanzen[5] einer Lebensgemeinschaft her. (B:41)

Egon Witty war von der Betriebsleitung
ausersehen, in einem halben Jahr[6] den
Posten des Meisters zu übernehmen. (L:11)

Er stand starr und beobachtete das ge-
schäftige Treiben auf dem Eisenverlade-
platz[7]. (L:24)

Er blinzelte in die Sonne[8]. (L:47)

Meine Frau muß weiter auf dem Moped[9] in
die Stadt[10] zum Einkaufen fahren. (L:85)

An die Hochspannungsquelle[11] wird die
Schattenkreuzröhre angeschlossen. (P:6)

Auf der grün schimmernden Röhrenwand[12]
entdecken wir das Schattenbild des
Kreuzes. (P:14)

Treffen die Elektronen auf die Glasmole-
küle[13], so senden deren Atome das grüne
Leuchten aus. (P:17)

Die Elektronen prallen mit großer Wucht
auf die Wolframplatte[14]. (P:38)

Die humanistische Hoffnung der großen
Deutschen ... ist tief in das Denken und
Wollen[15] der Menschen in der DDR eingegangen. (M:5)

Gute Deutsche, das sind jene aufrechten Männer und Frauen, die heute an der
Spitze[16] des ersten deutschen Friedensstaates, der DDR, stehen. (M:36)

Der Dienst in den bewaffneten Organen[17] des Arbeiter-und-Bauern-Staates ist
ehrenvolle nationale Pflicht seiner Bürger, insbesondere der Jugend im wehr-
fähigen Alter[18]. (M:128)

B Indicate the usage of **werden**: independent (I), future (F), or
  passive (P). If it is used in a future verb phrase, underline
  the infinitive dependent on it, if in a passive verb phrase,
  underline the past participle. [§10]

1 ____ Sein Fleiß, sein Genius und seine moralische Kraft
       wurden[1] von den herrschenden Schichten mißbraucht, und
2 ____ das Volk wurde[2] um die Früchte seiner Mühe betrogen.
       (M:46)
3 ____ Die Elektronen werden[3] durch die hohe Spannung zur
4 ____ Anode hin bewegt und prallen mit großer Wucht auf die
       Wolframplatte. (P:37)
5 ____ Eine fotografische Platte wird[4] von den Strahlen so ver-
       ändert, als sei sie dem Tageslicht ausgesetzt worden[5].
6 ____ (P:49)
7 ____ Ich werde[6] in Bewegung setzen und überwachen, ich wer-
       de[7] etwas sein. (L:55)
8 ____ Und das Auto? Wird[8] wohl nichts werden[9]. (L:84)
       Die Pläne soll er gleich in Cellophanhüllen stecken,
9 ____ damit sie nicht so schmutzig werden[10]. (L:191)
10 ____ Der weitaus größte Teil aller Blütenpflanzen wird[11]
        durch Tiere bestäubt. (B:82)
11 ____ Diese Tierart dient räuberischen oder parasitisch leben-
        den Tierarten als Nahrung, welche wiederum von bestimm-
12 ____ ten tierischen Feinden verfolgt und verzehrt werden[12].
        (B:125)

Name _____ Datum _____

A Divide each of the following compound nouns into its component
parts, separating the joining elements; indicate to which cate-
gory of noun compounds in §16 it belongs.

1 Vollschmarotzer _____voll/Schmarotzer: §16.1.6_____

2 Nährstoff _____nähr(en)/Stoff: §16.1.5_____

3 Wirtspflanze ___Wirt/s/Pflanze: §16.1.2_____

4 Saugwurzel _____

5 Schmetterlingsblütengewächse _____

  _____

6 Kletterpflanze _____

7 Frühblüher _____

8 Vegetationsperiode _____

9 Lebensbedingung _____

10 Wurzelsystem _____

11 Jugendentwicklung _____

12 Farbensinn _____

13 Entwicklungsstadium _____

14 Gesamtgefüge _____

15 Nahrungskette _____

B In §9 are various prefixes and suffixes used to indicate the
function of a word. Give an English translation and indicate
the function of each of the following words.

1 unterscheiden   der Unterschied   unterschiedlich

  differentiate(vb.) __difference_(noun)___ ___different_(adj.)___

2 das Blattgrün   blattgrünlos [§9.2.5]

  _____   _____

3 gemein   die Gemeinschaft [§9.1.2.4]

  _____   _____

4 die Seite   gegenseitig [§9.2.3]

  _____   _____

5 der Einfluß   beeinflussen   §9.5.2:Note

------------------   ------------------

6 bedeuten   die Bedeutung   §9.1.2.5

------------------   ------------------

7 der Staub   bestäuben   §9.5.2   der Bestäuber   §9.1.3

------------------   ------------------   ------------------

8 ziehen   entziehen

------------------   ------------------

9 nehmen   entnehmen

------------------   ------------------

C Translate the following paragraph into English (lines 92-99).

    Der Bestand vieler Pflanzen in ihren natürlichen Lebensräumen
ist ohne geschlechtliche Fortpflanzung (d. h. ohne Blütenbesucher) unmöglich. Fehlten die Bestäuber in der Lebensgemeinschaft, so könnten diese Pflanzen in ihr nicht bestehen. Damit
fehlte allen Tieren, die von ihnen unmittelbar oder mittelbar
abhängen, die Lebensmöglichkeit.

In einer ungestörten Lebensgemeinschaft ist durch das Zusammenspiel aller an dem Standort wirkenden Faktoren ein
Zustand erreicht, den wir als biozönotisches Gleichgewicht
bezeichnen. Wenn es gestört wird, ändert sich das Gefüge
5 der Lebensgemeinschaft.

In der Lebensgemeinschaft Wald kann das Gleichgewicht
zeitweilig gestört werden, wenn Schadinsekten in Massen auftreten. Dies hat eine Verminderung ihrer Nahrungspflanzen
zur Folge. Die starke Vermehrung der Schädlinge gibt Tieren,
10 die sich von ihnen ernähren, gute Lebensbedingungen. Ameisen, Wanzen, Spinnen, insektenfressende Vögel und andere
Feinde vermehren sich stark. Das wiederum führt zu einer
Verminderung der Schädlinge. Das Gleichgewicht wird allmählich wiederhergestellt.

15 <u>Störung des biozönotischen Gleichgewichts durch Tiere</u>
Viele Tierarten finden besonders in Kulturbiozönosen günstige Lebensbedingungen. Es besteht die Gefahr, daß sie
sich in kurzer Zeit außerordentlich vermehren und große
Schäden anrichten. Das versucht der Mensch zu verhindern.
20 Wenn dennoch eine Massenvermehrung eintritt, müssen die
Schädlinge bekämpft werden. Es gilt dann, das gestörte
Gleichgewicht der Lebensgemeinschaft möglichst schnell wie-
derherzustellen.

Der Mensch bekämpft die Schädlinge durch chemische Mit-
25 tel und durch den Schutz ihrer natürlichen Feinde. Er bemüht sich, durch sinnvolle Anwendung von chemischen Mitteln

Title: das Gleichgewicht - *balance, equilibrium*

1 stören - *disturb*

2 aller: *What case and number? What noun does it modify?*

1-3 In einer ... erreicht,: *What is the subject of this clause?*

3 der Zustand - *condition*

3 erreichen - *attain, reach*

4 das Gefüge - *structure*

7 zeitweilig - *temporary*

7 das Schadinsekt - *destructive insect*

7 die Masse - *horde, large number*

8 die Verminderung - *decrease, reduction:* minder - *less*

9 zur Folge haben - *result in*

9 der Schädling - *pest, destructive insect*

10 ihnen: *Antecedent?*

10 die Ameise - *ant*

11 die Wanze - *Hemiptera, (bed)bug*

11 die Spinne - *spider*

13 allmählich - *gradual*

14 wiederher·stellen - *restore*

16 günstig - *favorable*

17 Es [§5.6]

17 die Gefahr - *danger*

18 außerordentlich - *exceptional*

19 an·richten - *cause*

19 Das ... verhindern.: *What is the subject of this sentence?*

20 dennoch - *nevertheless*

20 die Massenvermehrung: Masse (7)

20 ein·treten [4a] = vor·kommen

21 bekämpfen - *combat, control*

21 gelten [5a]: es gilt - *it is necessary*

22 möglichst schnell = so schnell wie möglich

25 der Schutz - *protection*

25 sich bemühen - *endeavor*

26 sinnvoll - *appropriate*

26 die Anwendung - *use*

die Schädlingsbekämpfung gezielt durchzuführen und die Lebensgemeinschaft nicht zu schädigen. Ziel jeder Bekämpfung ist es, die Schädlinge zu vernichten und die anderen
30 Tierarten zu schonen.

Bei der chemischen Schädlingsbekämpfung kann ungewollt eine ungünstige Einwirkung auf die Lebensgemeinschaft erfolgen. Durch die Gifte werden oft nicht nur die Schädlinge abgetötet, sondern auch ihre natürlichen Feinde. So ist es
35 zu verstehen, daß schon kurz nach der Anwendung chemischer Bekämpfungsmittel mitunter pflanzenschädigende Insekten und Milben in verstärktem Maße die Kulturpflanzen befallen haben. Das liegt vor allem daran, daß bei gleich starker Vernichtung von Schädlingen und Nützlingen die Zahl der Schädlinge
40 viel rascher und in viel stärkerem Maße wieder zunimmt als die der Nützlinge. Die Schädlinge finden schneller günstige Lebensbedingungen (z. B. Nahrung) als die Nützlinge.

Viele Tierarten nützen dem Menschen durch Vernichtung der Schadinsekten (z. B. Singvögel, Raupenfliegen, Marienkäfer
45 und ihre Larven). Ihre „Hilfe" bezeichnen wir als biologische Schädlingsbekämpfung. Sie erreicht unter Kontrolle des Menschen eine andauernde Wirkung, genügt allein allerdings nicht. Bei starker Schädlingsvermehrung muß der Mensch mit chemischen Mitteln eingreifen, am besten mit auslesend (se-
50 lektiv) wirkenden Präparaten, die nur bestimmte Tierarten schädigen und vernichten.

Wie groß die Anzahl der Schadinsekten in der Kulturlandschaft ist, zeigen folgende Zahlen: In unserer Heimat leben rund 28 500 Insektenarten, davon wurden etwa 7 200 Arten als
55 Schädlinge erkannt, von denen ungefähr 6 000 Arten auf Kulturpflanzen leben. Nur wenige Arten sind Nützlinge, die meisten sind neutral.

Gegen Schädlinge können zur biologischen Bekämpfung folgende Maßnahmen ergriffen werden:

60   1. Schutz nützlicher Wirbeltiere. Schonung und Schutz für Igel, Spitzmäuse, Raubtiere (z. B. Dachs, Wiesel) u. a. — Vogelschutz (auch für Greifvögel); Anbringen von Nistkästen, Er-

27 gezielt - *directed at specific objectives, controlled*
28 das Ziel - *aim, goal*
29 vernichten - *destroy*
30 schonen - *spare, treat with care*
31 ungewollt - *unintentional*
32 erfolgen - *result*
33 durch [§10.3.2]
33 das Gift - *poison*
34 ab·töten = vernichten
36 mitunter = manchmal, ab und zu
37 die Milbe - *mite*
37 das Maß - *measure, quantity: Note difference between* Maß *and* Masse (7)
37 befallen [7a] - *attack*
38 das liegt daran, daß - *the reason is that*
44 der Marienkäfer - *ladybug: after* Our <u>Lady</u>, *the Virgin Mary*

47 andauernd - *lasting*
47 allerdings - *it is true, as a matter of fact*
49 ein·greifen [1b] - *intervene*
52 die Anzahl - *number*
53 die Heimat - *homeland*
54 rund = ungefähr - *approximately*
54 etwa = ungefähr
59 Maßnahmen ergreifen [1b] - *take steps, action*
60 das Wirbeltier - *vertebrate*
60 der Igel - *hedgehog*
61 die Spitzmaus - *shrew*
61 der Dachs - *badger*
61 das Wiesel - *weasel*
61 u. a. = unter anderen
62 der Greifvogel = der Raubvogel
62 der Nistkasten - *bird house*

haltung der natürlichen Nistgelegenheiten (z. B. in Feldge-
hölzen und Hecken) — Förderung der Verbreitung von Fleder-
65   mäusen.
   2. Schutz nützlicher Insekten. Schonung und Schutz für diejenigen
      parasitisch und räuberisch lebenden Insekten, die in der Lebens-
      gemeinschaft die übermäßige Vermehrung der Schädlinge hemmen.
      (Den Ausbruch einer Massenvermehrung können sie allerdings
70   nicht verhüten.)
   3. Einführung von nicht heimischen Nützlingen. Die eingeführten
      Nützlinge wirken sich anfangs am stärksten aus. Sie haben zu-
      nächst keine natürlichen Feinde in der Lebensgemeinschaft und
      besitzen ein Übergewicht gegenüber ihren Beutetieren. Wenn die
75   Einbürgerung gelingt, ist mit einem Nachlassen ihres Nutzens
      zu rechnen.
   4. Verwendung von Mikroorganismen und Viren. Manche Pilze, Bak-
      terien und Viren erzeugen bei schädlichen Insekten und Nage-
      tieren Krankheiten, die deren Massenvermehrung einschränken
80   und sogar beenden können.

   Grundsätzlich ist zu den beiden letzten Möglichkeiten zu
sagen, daß die Wirkung der Nützlinge um so schneller nachläßt, je stärker sie war. Die Nützlinge erschöpfen ihre
Nahrungsquelle, so daß sich nach gewisser Zeit ein Gleich-
85 gewichtszustand einstellt. Bei wiederholter Massenvermehrung der Schädlinge ist das erneute Eingreifen des Menschen
notwendig.
   Solange sich die Schadinsekten unter normalen Bedingungen
in normaler Zahl vermehren, vermögen die Nützlinge, die eben-
90 falls in angemessener Zahl vorhanden sind, das biozönotische
Gleichgewicht aufrechtzuerhalten. Von großer Bedeutung sind
Parasiten, die auf bestimmte Schädlinge spezialisiert sind,

63 die Nistgelegenheit - *nesting place*
63 das Feldgehölz - *stand of trees
   on a field*
64 die Hecke - *hedge*
64 die Förderung - *encouragement,
   support*
64 die Fledermaus - *bat*
68 übermäßig - *excessive*
68 hemmen - *retard, impede*
70 verhüten = verhindern (9)
71 heimisch = zur Heimat gehörend
72 zunächst - *at first*
74 das Übergewicht - *preponderance*
74 gegenüber *(+ dat.)* - *as compared
   with*
75 die Einbürgerung - *acclimatization*
75 gelingen [3a] - *be successful*
75 ist...zu [§7.5.3]
75 das Nachlassen [§2.5] - *diminution*
76 rechnen (mit) - *expect*
77 der Virus - *virus (Pronounce with
   the "v" sound, not "f.")*

78 erzeugen - *cause*
78 das Nagetier - *rodent*
79 deren - *their*
79 ein·schränken - *limit*
80 sogar - *even*
81 grundsätzlich - *as a general prin-
   ciple*
82 um so schneller...je stärker - *all
   the more quickly...the stronger*
83 erschöpfen - *exhaust*
84 die Quelle - *source*
85 sich ein·stellen - *arise, ensue*
85 wiederholt - *repeated*
86 erneut = wiederholt
86 das Eingreifen [§2.5] (49)
89 vermögen (zu) = können: *Where is
   the word "zu" in this sentence?*
89 ebenfalls = auch
90 angemessen - *adequate*
91 aufrecht·erhalten [7a] - *maintain*
92 spezialisiert sein (auf + *acc.*) -
   specialize (in)

zum Beispiel Raupenfliegen, die von Nonnen und Kieferneulen
leben.
95   Unter bestimmten Umweltbedingungen (z. B. bei besonders
günstigen Witterungsumständen) kann eine Massenvermehrung
der Schadinsekten einsetzen. Es würde eine Reihe von Jahren
dauern, bis die Nützlinge sich so stark vermehrt haben, daß
sie die Massen der Schädlinge merklich vermindern könnten.
100 Diese Verzögerung würde das Ende der bestehenden Lebensgemeinschaft bedeuten. Deshalb muß der Mensch eingreifen.
        Manche Nützlinge sind auf einen oder wenige Schädlinge
spezialisiert. Andere Nützlinge nähren sich von mehreren
schädlichen Tierarten; sie sind in der Lebensgemeinschaft zu
105 allen Zeiten mit vielen Individuen vertreten. Bei Beginn
einer verstärkten Schädlingsvermehrung wirken sie sofort aus-
gleichend. Solche Nützlinge finden sich aber nur in arten-
reichen Lebensgemeinschaften. Deshalb sind diese stabiler
und ausgeglichener als solche mit einseitigen Lebensbedin-
110 gungen.
        Das biozönotische Gleichgewicht wird häufig durch den Ein-
griff des Menschen in eine Lebensgemeinschaft absichtlich
beeinflußt. Dann kann die ursprüngliche Lebensgemeinschaft
nicht weiterbestehen. Als Ergebnis der Maßnahmen des Men-
115 schen (etwa durch das Entwässern von Sümpfen, durch Pflanzen-
bau, Bodenbearbeitung und Düngung) entstehen neue Lebensgemeinschaften. Wir bezeichnen sie als Kulturbiozönosen und
ihre Lebensräume als Kulturbiotope. Sie bestehen nur durch
die Arbeit des Menschen. In ihnen herrscht ebenfalls ein
120 bestimmtes Gleichgewicht. Wenn der Mensch jedoch seinen
Einfluß nicht mehr geltend macht, entwickeln sich beispielsweise in der Feldflur auf einer unbearbeiteten Ackerfläche
nacheinander verschiedene neue Pflanzen- und Tiergemein-
schaften.

93 die Nonne - *night-moth*	111 häufig - *frequent*
96 der Witterungsumstand - *meteorological condition*	112 absichtlich - *intentional*
	113 beeinflussen [§19.1] - *influence*
97 ein·setzen = beginnen	113 ursprünglich - *original*
98 dauern - *continue*	115 etwa = zum Beispiel
99 merklich - *appreciable*	115 der Sumpf - *swamp*
100 die Verzögerung - *delay*	115 der Pflanzenbau: der Bau - *cultivation*
101 deshalb - *therefore*	
105 vertreten [4a] - *represent*	116 die Düngung - *fertilizing*
106 sofort - *immediately*	119 herrschen - *prevail*
106 ausgleichend - *as a balance*	120 jedoch - *however*
108 diese: *Antecedent?*	121 geltend machen - *bring to bear*
109 ausgeglichen - *balanced*	122 die Feldflur - *field*
109 einseitig - *one-sided*	122 die Ackerfläche - *acreage*

QUESTIONS ON THE TEXT

What is ecological equilibrium?
How is it attained?
How is the equilibrium of a forest sometimes disturbed?
What is the result of the disturbance?
What happens as a result of the increase in pests?
How is the balance restored?
How does it happen that certain species of animals increase rapidly and cause damage to cultivated biotic communities?
What does the human being then have to do?
What are the two common ways of combating pests?
What special care must be taken if chemicals are used?
What happens sometimes when chemicals are used?
Which kind of insect recovers more quickly? Why?
What is the second way of combating pests?
What kinds of birds and insects are helpful?
Is this kind of pest control always completely effective?
What must the human being sometimes do in addition?
What kind of preparations should be used?
What do the statistics in lines 52-57 show?
What four means of biological control of pests are available?
What is a disadvantage of number 2?
When is number 3 most effective?
How do micro-organisms and viruses effect pest control?
If new insects or other organisms are introduced into the environment, how effective are they in the long run?
What kind of parasites are most beneficial?

Under what circumstances can the equilibrium be upset?
How long can this lack of balance last?
What must the human being do then?
Which are more beneficial to humans: creatures which specialize in one or two pests, or those which devour several?
In what kind of biotic community are these more beneficial creatures to be found?
What can therefore be said about this kind of environment?
In what ways does the human affect the equilibrium in biotic communities?
What happens when humankind no longer makes its influence felt?

Was bedeutet das Wort Gleichgewicht?
Was bedeutet dieses Wort, wenn man von einer Lebensgemeinschaft spricht?
Wie kann das Gleichgewicht einer Lebensgemeinschaft durch Schädlinge gestört werden?
Wie kann man das Gleichgewicht wiederherstellen?
Welche Tiere bekämpfen Schädlinge?
Was sind einige der Schwierigkeiten dabei?
Was sind einige der Schwierigkeiten, wenn man chemische Bekämpfungsmittel benutzt?
Wie kann das Gleichgewicht durch den Menschen gestört werden?
Was geschieht, wenn der Mensch nicht mehr da ist?

WORDS AND WORD FAMILIES

allerdings (47, 69)
die Anwendung -en (26, 35)
aus•gleichen [1b] (106, 109)
bekämpfen (21, 24)
    die Bekämpfung (28)
    die Schädlingsbekämpfung (27)
    das Bekämpfungsmittel - (36)
dauern (98)
    andauernd (47)
deshalb (101, 108)
ebenfalls (89, 119)
der Einfluß/-flüsse (121)
    beeinflussen (113)
ein•greifen [1b] (49, 86, 101)
    der Eingriff (111)
erreichen (3, 46)
etwa = ungefähr (54)
    etwa = zum Beispiel (115)
der Feind -e (12, 25, 34, 73)
das Gewicht:
    das Gleichgewicht (3, 6, 13, 15)
    das Übergewicht (74)
günstig (16, 41, 96)
    ungünstig (32)
die Heimat (53)
    heimisch (71)
das Maß -e (37, 40)
    die Maßnahme -n (59, 114)

die Masse -n (7)
    die Massenvermehrung (20, 69)
nach•lassen [7a] (75, 82)
schonen (30)
    die Schonung (60, 66)
der Schutz (25, 60, 66)
    der Vogelschutz (61)
spezialisiert sein (auf + *acc.*)
    (92, 103)
stark (9, 12, 38, 40, 72, 83)
    verstärkt (37, 106)
stören (4, 7, 21)
    die Störung -en (15)
    ungestört (1)
ungefähr (55)
vermindern (99)
    die Verminderung (8, 13)
vermögen (zu) (89)
vernichten (29, 51)
    die Vernichtung (38, 43)
wiederher•stellen (14, 22)
die Zahl -en (39, 53, 89)
    die Anzahl (52)
das Ziel -e (28)
    gezielt (27)
zunächst (72)
der Zustand/stände (3)
    der Gleichgewichtszustand (84)

Name _____ Datum _____

A All the underlined verbs in the following sentences are either prefixed (inseparable) or compound (separable) verbs. Give the infinitive of each one and check in the appropriate column whether it is prefixed or compound.

	Infinitive	Pref.	Comp.
1 Der Kohlenstoff <u>nimmt</u> unter den Elementen eine besondere Stellung <u>ein</u>. (P:1)	einnehmen	---	✓
2 Um einen Einblick in die chemische Natur dieser Stoffe zu <u>gewinnen</u>,... (P:8)	gewinnen	✓	---
3 Wir suchen aus dem Bau des Kohlenstoffatoms seine Verbindungsmöglichkeiten <u>herzuleiten</u>. (P:13)	------------	---	---
4 Diese Orbitale <u>überlappen</u> sich mit den 1s-Orbitalen der Wasserstoffatome und <u>bilden</u> dabei stabile Bindungen <u>aus</u>. (P:74)	------------ ------------	--- ---	--- ---
5 Bei starker Vernichtung von Schädlingen und Nützlingen <u>nimmt</u> die Zahl der Schädlinge viel rascher <u>zu</u> als die der Nützlinge. (B:38)	------------	---	---
6 Die eingeführten Nützlinge <u>wirken</u> sich anfangs am stärksten <u>aus</u>. (B:71)	------------	---	---
7 Der Jüngling <u>ließ</u> sich zu kurzer Rast <u>nieder</u> (L:19)	------------	---	---
8 Ehe du mich <u>vernichtest</u>, gib dich mir zu erkennen. (L:141)	------------	---	---
9 Das Recht einer demokratischen Republik <u>geht</u> vom Volke <u>aus</u>. (M:2)	------------	---	---
10 Hausdurchsuchungen dürfen nur kraft eines richterlichen Befehles <u>vorgenommen</u> werden. (M:31)	------------	---	---

B Indicate the case and number of each of the underlined nouns in the following sentences. (NS = nominative singular; AP = accusative plural; DS = dative singular; GP = genitive plural, etc.) [§1, §3, §4]

       NS   DP

1 Ein <u>Jüngling</u> wanderte den winkenden <u>Bergen</u> zu. (L:1)

2 Er fühlte sein <u>Herz</u> mit allen <u>Pulsen</u> der <u>Welt</u> in gleicher <u>Welle</u> schlagen. (L:2)

3 Unbedroht und frei trug ihn sein <u>Weg</u> über das offene <u>Land</u>. (L:4)

4 Es gibt eine <u>Fülle</u> von <u>Verbindungen</u>, die Kohlenstoff enthalten. (P:7)

5 Der Charakter der chemischen Verbindungen kann aus dem Bau

der Atomhülle ihrer Elemente erklärt werden. (P:11)

6 In einer ungestörten Lebensgemeinschaft ist durch das Zusam-

menspiel aller an dem Standort wirkenden Faktoren ein Zustand

erreicht, dem wir als biozönotisches Gleichgewicht bezeich-

nen. (B:1)

7 Wenn es gestört wird, ändert sich das Gefüge der Lebensge-

meinschaft. (B:4)

8 Der Artikel 2 der österreichischen Verfassung bestimmt:

„Österreich ist ein Bundesstaat." (M:5)

9 In dem Grundgesetz über die Rechte der Staatsbürger wird der

Rechtssatz aufgestellt: „Vor dem Gesetze sind alle Staats-

bürger gleich." (M:15)

C Referring to the patterns in §4.1-6, fill in the adjective endings in the following sentences.

1 Die gesetzgebend_en_ Körperschaften sind der Nationalrat und
der Bundesrat. (M:62)

2 Jedes im Nationalrat beschlossen____ Gesetz muß dem Bundesrat
zur Genehmigung vorgelegt werden. (M:73)

3 Die vollziehend____ Gewalt üben der Präsident und die Bundes-
regierung aus. (M:83)

4 Bei der chemisch____ Schädlingsbekämpfung kann ungewollt eine
ungünstig____ Einwirkung auf die Lebensgemeinschaft erfolgen.
(B:31)

5 Bei wiederholt____ Massenvermehrung der Schädlinge ist das
erneut____ Eingreifen des Menschen notwendig. (B:85)

6 Eine ideal____ kovalent____ Bindung kommt nur dann zustande,
wenn die Elektronegativitäten der sich verbindend____ Elemente verschieden sind. (P:40)

7 Zum zweitenmal ließ sich die unbreiflich____ Stimme vernehmen.
(L:23)

8 Weißt du, wozu gerade dieser Wurm bestimmt war im unendlich____
Lauf des Werdens und Geschehens? (L:73)

Name _____ Datum _____

A Prepositions are tricky to translate because their usage is
  highly idiomatic in both English and German. Look at each of
  the phrases below in its context and translate it into idiomatic English.

  1 durch chemische Mittel (24) _____

  2 Bei der chemischen Schädlingsbekämpfung (31)

    _____

  3 nach der Anwendung (35) _____

  4 von denen (54) _____

  5 zur biologischen Bekämpfung (58) _____

  6 gegenüber ihren Beutetieren (74)

    _____

  7 zu den beiden letzten Möglichkeiten (81)

    _____

  8 nach gewisser Zeit (84) _____

  9 unter normalen Bedingungen (88) _____

 10 zum Beispiel (95) _____

 11 auf einen oder wenige Schädlinge (102)

    _____

 12 von mehreren schädlichen Tierarten (103)

    _____

 13 zu allen Zeiten (104) _____

 14 Bei Beginn (105) _____

B After certain verbs a dependent infinitive has "zu"; after
  others (e. g. the modal auxiliaries) "zu" does not occur.
  Write the infinitive connected with each of the following
  verbs in the space provided; when "zu" is required, underline
  it.

  1 kann (6) _____   4 gilt (21) _____

  2 versucht (19) _____   5 bemüht sich (25) a _____

  3 müssen (20) _____   _____ b _____

6 ist (29) _____   9 ist (81) _____

7 kann (31) _____   10 vermögen (89) _____

8 muß (48) _____   11 würde (97) _____

C Review Einführung, page 65. In the following sentences or
phrases, underline the <u>adverbs</u> (not the adjectives). Translate
all sentences into English. (Note that in the footnotes you
are usually given the adjective form in English, even in cases
where the word is used as an adverb.)

1 Das Gleichgewicht wird allmählich wiederhergestellt. (13)

   ----

2 Es besteht die Gefahr, daß die Schädlinge sich in kurzer Zeit
außerordentlich vermehren. (17)

   ----

3 Der Mensch bekämpft die Schädlinge durch chemische Mittel.(24)

   ----

4 Bei gleich starker Vernichtung von Schädlingen und Nützlingen
nimmt die Zahl der Schädlinge viel rascher zu als die der
Nützlinge. (38)

   ----

5 Bei starker Schädlingsvermehrung muß der Mensch mit chemischen Mitteln eingreifen, am besten mit auslesend wirkenden
Präparaten. (48)

Die Frage nach dem Wesen des Lebens ist die Frage danach, was allen Lebewesen im Unterschied zu allem Leblosen gemeinsam ist. Es ist die Frage nach den spezifischen Gesetzen, die im Unterschied zu den Gesetzen der unbelebten Natur in den Lebewesen wirksam sind. Meist bereitet es keine besonderen Schwierigkeiten, Lebendes von Leblosem zu unterscheiden. So sehr sich auch ein Hund, ein Frosch, ein Regenwurm, ein Apfelbaum, eine Moospflanze und eine Bakterie voneinander unterscheiden, sie haben eines gemeinsam: sie leben. Worin besteht aber nun gerade dieses Gemeinsame, das das Leben ausmacht?

Stoffliche Zusammensetzung der Lebewesen

Wenn wir das Wesen des Lebens erkennen wollen, müssen wir zunächst wissen, aus welchen chemischen Stoffen die Organismen aufgebaut sind. Die chemische Analyse der Lebewesen zeigt, daß sie nur solche chemischen Elemente enthalten, die auch in der nichtlebenden Natur vorkommen.

Eine Reihe von Grundstoffen ist in den Lebewesen nur in sehr geringer Menge enthalten, sie werden als Spurelemente bezeichnet und spielen zum Teil eine wichtige Rolle in den Fermenten und Hormonen. Bisher wurden etwa 60 Elemente in den Lebewesen nachgewiesen. Der prozentuale Anteil der einzelnen Elemente an der nichtlebenden und der lebenden Substanz ist jedoch unterschiedlich.

Die Erdrinde besteht zu 0,12% aus Phosphor, der menschliche Körper aber zu 1%; die Erdrinde enthält 0,09% Kohlenstoff, der menschliche Körper jedoch etwa 20%.

Charakteristisch für die Lebewesen sind komplizierte organische Verbindungen wie Eiweiße, Nukleinsäuren, Kohlenhydrate, Fette, Glykoside und Alkaloide. Eine ganz besondere Bedeutung kommt den Nukleinsäuren und Eiweißen als Träger des Lebens zu. Neben diesen organischen Stoffen sind in der lebenden Substanz auch anorganische, vor allem Wasser sowie verschiedene Salze enthalten. Der menschliche Muskel besteht zum Beispiel zu 76% aus Wasser.

Eigenschaften des Lebens

Um das Wesen des Lebens zu erfassen, muß man seine Eigenschaften studieren. Ihre Erforschung ermöglicht es, die Gesetzmäßigkeiten und die Spezifik der lebenden Materie zu

Title: das Wesen - *essence*
1 danach [§17.1.2]
5 meist = fast immer
5 es bereitet keine...Schwierigkeiten - *there are no...difficulties*
7 so sehr...auch - *however much*
7 der Frosch - *frog*
7 der Regenwurm - *angleworm*
10 bestehen [§6.2.2] (in + *dat.*) - *consist (in)*
18 der Grundstoff = das Element
19 gering - *small, slight*
19 das Spurelement: die Spur - *trace*
21 das Ferment - *enzyme*

21 bisher = bis jetzt
22 nach·weisen [1a] - *detect, identify*
24 jedoch - *however*
25 die Erdrinde - *earth's crust*
25 0,12% = Null Komma zwölf Prozent
31 zu·kommen [5d] - *be due to, belong to*
31 als [§18.1.5]
33 anorganisch - *inorganic*
34 sowie - *as well as*
36 die Eigenschaft - *characteristic*
37 um [§18.7.5]
37 erfassen = begreifen, verstehen

40 erkennen. Eigenschaften des Lebens sind Stoffwechsel, Individualität, Reizbarkeit und Bewegung, Wachstum, Entwicklung, Fortpflanzung, Vererbung und Anpassung.
    Stoffwechsel. Die wichtigste Eigenschaft des Lebens ist
der Stoffwechsel. Er besteht in der ständigen Aufnahme,
45 Umwandlung und Ausscheidung von Stoffen durch die Lebewesen
unter Energieumwandlung. Die heterotrophen Organismen nehmen
energiereiche organische Stoffe aus der Umwelt auf und schei-
den energieärmere aus. Die autotrophen Lebewesen bauen die
energiereichen organischen Verbindungen (Zucker) aus anor-
50 ganischen (CO_2 und H_2O) selbst auf und verwenden hierfür die
Energie des Sonnenlichts (Photosynthese) oder chemischer Verbindungen (Chemosynthese). Die gewonnene Energie wird zum
Aufbau körpereigener Stoffe verwendet. Im Organismus finden
also Stoff- und Energieumwandlungen statt. Alle Stoff- und
55 Energiewechselvorgänge lassen sich auf einfache chemische,
nicht für das Leben spezifische Reaktionen, wie Oxydation,
Reduktion, Hydrolyse oder Kondensation zurückführen. Im
Lebewesen sind diese Reaktionen jedoch räumlich und zeitlich
geordnet und bilden ein einheitliches System von Reaktions-
60 ketten und -zyklen; sie verlaufen in optimaler Weise, be-
schleunigt und gerichtet durch Fermente (Biokatalysatoren).
    Lebewesen sind stofflich und energetisch offene Systeme,
die sich durch beständigen Stoff- und Energieaustausch mit
der Umwelt in einem dynamischen Gleichgewicht (Fließgleich-
65 gewicht) befinden. Hört der Stoffwechsel auf, so bedeutet
das in der Regel den Tod des Organismus.
    Es gibt auch unbelebte offene Systeme. So existiert zum
Beispiel eine Gasflamme nur deshalb, weil ständig Gas in ihr
oxydiert wird, oder ein Wasserstrahl, weil er von Wasser
70 „durchströmt" wird. Der Gegensatz eines offenen Systems ist
das geschlossene System. Es ist nur stabil, weil mit der Umwelt kein Stoffaustausch erfolgt; seinen Gleichgewichtszustand
nennen wir statisch. Werden in ein geschlossenes System aus
der Umwelt Stoffe hineingegeben, so wird das Gleichgewicht
75 gestört, und es tritt ein neuer statischer Gleichgewichtszustand ein.

40 der Stoffwechsel - *metabolism*
41 die Reizbarkeit - *sensitivity, i.e.*
capacity to receive external stimuli
41 die Bewegung - *motion*
42 die Fortpflanzung - *propagation*
42 die Anpassung - *adaptability*
44 ständig - *regular, continual*
45 die Umwandlung - *transformation,*
conversion
45 die Ausscheidung - *excretion*
45 durch - *by*
46 unter - *with*
47 energiereich = reich an Energie,
mit viel Energie
50 hierfür - *for this*
52 gewinnen [3b] - *obtain*
53 körpereigen - *peculiar to the body*
53 statt·finden [3a] - *take place*
55 lassen sich...zurückführen [§7.5.2]
55 einfache: *What noun does it modify?*

57 zurück·führen (auf + *acc.*) - *reduce*
(to)
58 jedoch (24)
58 räumlich - *spatial*
59 einheitlich - *uniform*
60 der Zyklus - *cycle*
60 verlaufen [7g] - *proceed*
60 beschleunigen - *expedite*
61 richten - *regulate*
63 beständig - *continuous*
63 der Austausch - *exchange*
64 das Fließgleichgewicht - *continu-*
ous equilibrium
65 sich befinden [3a] - *be*
66 der Tod - *death*
69 der Wasserstrahl - *jet of water*
70 der Gegensatz - *opposite*
71 schließen [2a] - *close*
72 erfolgen - *result*

Im Unterschied zu den nichtlebenden offenen Systemen in
der Natur können die Lebewesen ihren optimalen inneren Zustand selbst aufrecht erhalten; sie verfügen durch das Vor-
80 handensein von Rückkopplungsmechanismen (Regulationsmechanismen) über die Fähigkeit zur Autoregulation. Hierdurch sind
sie in der Lage, ungünstige Einflüsse zu kompensieren und
damit das Weiterbestehen des ganzen Systems zu gewährleisten.
Durch Autoregulation wird zum Beispiel der Blutzuckerspiegel
85 konstant gehalten.

Erhöht sich durch starke Zuckeraufnahme der Glukosegehalt
im Blut, so schüttet die Bauchspeicheldrüse das Hormon Insulin aus. Unter seiner Wirkung wird in der Leber Glukose in
Glykogen umgewandelt, bis der Blutzuckerspiegel seinen nor-
90 malen Wert erhalten hat. Sinkt dagegen der Zuckergehalt im
Blut, so bewirkt ein Hormon der Nebenniere, das Adrenalin,
den Abbau des Glykogens zu Glukose, und der Blutzuckerspiegel
steigt wieder. Verliert die Bauchspeicheldrüse die Fähigkeit,
Insulin aufzubauen, so erkrankt der Mensch an Diabetes melli-
95 tus (Zuckerkrankheit).

Lebewesen sind also gleichzeitig geschlossene Kontroll-
systeme, die Fähigkeit zur Regulation ist dem System selbst
gegeben.

Individualität. Im Gegensatz zur nichtlebenden Natur ist
100 das Leben an einzelne, räumlich begrenzte Gebilde gebunden,
die aus verschiedenen, voneinander abhängigen Teilen bestehen.
Diese Teile des Individuums bilden ein einheitliches Ganzes,
sie stehen miteinander in enger Wechselwirkung. Das Ganze
ist nicht teilbar, ohne daß dadurch seine Qualität geändert
105 würde (ohne daß es dadurch aufhören würde das zu sein, was
es zuvor war). Die Einheit der Teile des Organismus beruht
auf den bereits besprochenen Regulationsmechanismen, die insgesamt ein Regulationssystem bilden.

Reizbarkeit und Bewegung. Reizbarkeit ist eine Eigen-
110 schaft des Protoplasmas. Alle lebenden Systeme sind reiz-
bar, das heißt, sie sind fähig, auf äußere Einwirkungen
(Reize) mit aktiven Veränderungen ihres Verhaltens (Reaktionen) zu antworten. Durch die Energie des Reizes wird am
Reizort der Zustand des Protoplasmas verändert, das Proto-

---

79 aufrecht erhalten [7a] - *maintain*
79 verfügen (über + *acc.*) - *have, be
provided (with)*
80 die Rückkoppelung - *regeneration*
83 das Weiterbestehen - *further existence*
83 gewährleisten - *guarantee*
84 der Blutzuckerspiegel: der Spiegel - *mirror; (here) level*
87 die Bauchspeicheldrüse - *pancreas*
90 erhalten [7a] - *attain*
90 dagegen [§17.1.3]
91 die Nebenniere - *suprarenal cap-
sule:* die Niere - *kidney*
92 der Abbau - *breaking down, catabo-
lism*

93 verlieren [2a] - *lose*
100 begrenzt - *limited*
100 das Gebilde - *structure: Singular
or plural in this sentence?* [§3.4]
104 teilbar [§9.2.1]: teilen - *divide,
separate*
106 zuvor - *previously*
106 beruhen (auf + *dat.*) - *be based
(on)*
107 insgesamt - *altogether*
112 der Reiz - *stimulus*
112 das Verhalten - *behavior*
113 antworten (auf + *acc.*) - *respond
(to)*
114 der Reizort: der Ort - *point,
locus*

115 plasma wird erregt. Diese Erregung breitet sich aus und
     führt zu einer Reaktion. Stärke, Ort und Art der Reaktion
     werden durch die inneren Gegebenheiten (Stoffwechseltypus,
     Nervensystem usw.) des Lebewesens bestimmt. Ein Reiz kann
     positiv (z. B. Nahrungsreiz) oder negativ (z. B. Verletzung)
120 sein, und der Organismus antwortet darauf mit positiven oder
     negativen Reaktionen.
         Mit der Reizbarkeit ist die aktive räumliche Beweglichkeit
     der Lebewesen verbunden. Es gibt zahlreiche Arten von Bewe-
     gungen. Bei den Tieren beruhen sie auf der Eigenschaft von
125 Protoplasmaeiweißen, sich durch chemisch-energetische Umwand-
     lungen verkürzen und ausdehnen zu können. Die Bewegungen
     der Pflanzen beruhen auf einseitig verstärktem Zellwachstum
     oder auf plötzlichen Änderungen des Zellturgors. Die Ursache
     der Protoplasmaströmungen in den Zellen ist noch nicht ein-
130 deutig geklärt.
         Wachstum, Entwicklung, Fortpflanzung und Vererbung. Lebe-
     wesen sind zeitlich begrenzte und sich während der Dauer ihres
     Lebens entwickelnde Systeme. Ihre individuelle Entwicklung
     (Ontogenese) besteht in der Aufeinanderfolge verschiedener
135 Stadien und endet gesetzmäßig durch den natürlichen Tod.
     Durch die Fortpflanzung besteht das Leben in einer zeitlichen
     Aufeinanderfolge einzelner Individuen und wird so lange exi-
     stieren, wie die entsprechenden Lebensbedingungen vorhanden
     sind.
140   Die Fortpflanzung beruht auf der Fähigkeit der Zellen,
     die wesentlichen Bestandteile des Protoplasmas (vor allem
     die Nukleinsäuren des Zellkerns) im Stoffwechselgeschehen
     identisch zu reproduzieren und bei der Zellteilung an die
     Tochterzellen weiterzugeben. Dabei werden die Anlagen für
145 die Entwicklung der Nachkommen auf diese übertragen, vererbt.
     So sind die Nachkommen ihren Vorfahren in ihrer individuel-
     len Entwicklung artgleich. In der individuellen Entwicklung
     erfolgt auf Grund der vorhandenen Erbanlagen die Merkmals-
     ausbildung. Der wichtigste Träger der Erbanlagen in der
150 Zelle ist die Desoxyribonukleinsäure des Zellkerns.
         Die aufsteigende Phase der Ontogenese (bis zur Fortpflan-
     zungsreife) ist mit dem Wachstum, der irreversiblen Zunahme
     des Volumens, verbunden. Wesentlich für die Entwicklung ist
     jedoch nicht die Vermehrung der Zellen, sondern die Diffe-
155 renzierung ihres Baus und ihrer Leistungen, die dazu führt,
     daß die verschiedenen Lebewesen ihren besonderen inneren

115 erregen - *stimulate*
115 sich aus·breiten - *spread*
117 die Gegebenheit - *factor*
118 bestimmen - *determine*
119 die Verletzung - *injury*
122 die Beweglichkeit - *mobility*
123 zahlreich = viel
126 verkürzen [§9.5.2: Note]
126 aus·dehnen - *spread*
128 plötzlich - *sudden*
129 die Strömung - *flow, movement*
129 eindeutig = unmißverständlich,
    sehr klar

130 klären - *explain*
132 begrenzt (100)
134 die Aufeinanderfolge - *succession*
135 das Stadium - *stage*
142 der Zellkern: der Kern - *nucleus*
146 der Vorfahr - *ancestor*
151 auf·steigen [1a] [§9.2.8] -
    ascend
152 die Reife - *maturity*
155 die Leistung - *power, capacity*
157 die Gestalt - *form*

Aufbau, ihre äußere Gestalt und ihre Verhaltensmöglichkei-
ten erhalten.
        Anpassung an die Umwelt. Auf jedes Lebewesen wirken
160 viele abiotische Faktoren (Licht, Temperatur, Wind, Feuchtigkeit usw.) ein, es tritt mit vielen anderen Lebewesen
(der gleichen Art oder anderer Arten) in Beziehung. Die
Gesamtheit der Erscheinungen, mit der ein Lebewesen im Ver-
laufe seines Lebens in Beziehung treten kann, ist die Umwelt
165 dieses Lebewesens, mit der es eng verbunden ist.
        Bau und Verhaltensmöglichkeiten eines Lebewesens ent-
sprechen immer den Umweltverhältnissen, in denen es lebt.
Die Lebewesen sind so beschaffen, daß sie sich in der jeweiligen Umwelt erhalten können und auf diese angewiesen
170 sind. Sie sind ihrer Umwelt angepaßt. Die Anpassung der
Lebewesen ist das Ergebnis von Veränderung (Variation) und
Auslese (Selektion), in deren Ergebnis die am besten ange-
paßten Individuen überleben.

158 erhalten (90)
160 die Feuchtigkeit - *dampness*
163 der Verlauf - *course*
161 in Beziehung treten [4a] (mit) -
come in contact (with)

168 so beschaffen sein - *be consti-
tuted in such a way*
169 sich erhalten - *subsist*
169 angewiesen sein (auf + *acc.*) -
be dependent (on)
173 überleben - *survive*

QUESTIONS ON THE TEXT

What is the main question the person
has to ask himself if he wants
to know the "essence" of life?

Does the answer to this question
usually cause any difficulties?

What are some of the differences in
material composition between animate beings and inanimate things?

What substances are bearers of life?

Name the nine characteristics of life
as given here.

What are the functions in the process
of metabolism?

What is the difference between auto-
trophs and heterotrophs?

Are the chemical changes that take
place in the processes of metabolism specific to life?

What is the function of the enzymes
in these processes?

What happens when metabolism ceases?

What examples of open systems in inanimate nature does the author
give?

What is static equilibrium in a closed
system?

How do animate beings maintain their
equilibrium?

What example of equilibrium does the
author give?

Define the characteristic "individu-
ality" as the author has done it.

Why are "Reizbarkeit" and "Bewegung"
treated together?

What examples of positive and nega-
tive stimulus are given here?

On what chemical properties does
mobility in plants and animals
depend?

On what capability of the cells does
propagation depend?

How is similarity in development
guaranteed from generation to
generation?

What is more important than the increase in cells in the development of the organism?

How is "environment" defined here?

What are the two main processes of
adaptation?

WORDS AND WORD FAMILIES

antworten (auf + *acc.*) (113, 120)
die Aufeinanderfolge (134, 137)
aus·scheiden [1a] (47)
    die Ausscheidung -en (45)
begrenzt (100, 132)
beruhen (auf + *dat.*) (106, 124, 140)
bestehen [§6.2.2] (in + *dat.*) (10, 44)
die Bewegung -en (41, 109, 123)
    die Beweglichkeit (122)
die Eigenschaft -en (36, 37, 40, 109)
die Einheit -en (106)
    einheitlich (59, 102)
erfolgen (72, 148)
erhalten [7a] (90, 158)
    aufrecht erhalten (79)
    sich erhalten (169)
erregen (115)
    die Erregung -en (115)
das Ferment -e (21, 61)
die Fortpflanzung (42, 131, 136)
    die Fortpflanzungsreife (151)
der Gegensatz/-sätze (70, 99)
jedoch (24, 27, 58, 154)
leben (9, 33)
    das Leben (1, 164)
    das Lebewesen - (2, 118)
    leblos (2)
    die Leber -n (88)
    überleben (173)
    unbelebt (4, 67)

der Ort -e (116)
    der Reizort (114)
der Reiz -e (112)
    reizbar (110)
    die Reizbarkeit (41, 109)
    der Reizort (114)
    der Nahrungsreiz (119)
der Spiegel -:
    der Blutzuckerspiegel (84, 89, 92)
ständig (44, 68)
    beständig (63)
steigen [1a] (88)
    auf·steigen (151)
der Tod (66, 135)
um·wandeln (93)
    die Umwandlung -en (45, 125)
    die Stoffumwandlung (54)
    die Energieumwandlung (46, 54)
das Verhalten (112)
    die Verhaltensmöglichkeit -en
      (157, 166)
verlaufen [7g] (60)
    der Verlauf (163)
der Wechsel:
    der Stoffwechsel (40, 65)
    die Wechselwirkung -en (103)
das Wesen (1, 13, 37)
    das Lebewesen - (2, 78)
    wesentlich (141, 153)

[A number preceded by the sign § refers to the Grammar Reference Notes. A number alone refers to a page in the Einführung.*]*

[Entries from the Words and Word Families in the Einführung are indicated by page numbers in parentheses. Words from the Words and Word Families in Biologie are indicated by the unit number alone, those from the footnotes by the unit and line number.]